W0358744

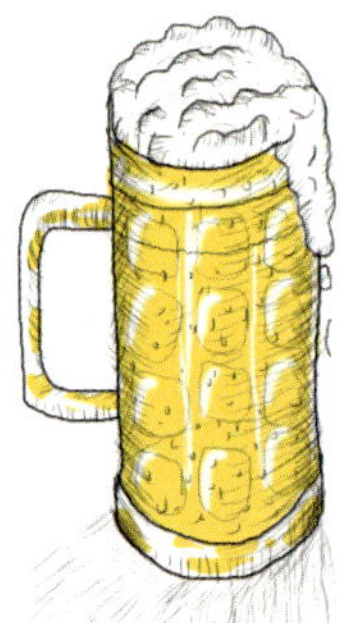

Editions EstLivres
54520 LAXOU

Isbn : 979-1-090739-00-0

Toute reproduction, même partielle, de cet ouvrage est interdite par quelque procédé que ce soit, et serait passible des peines prévues par la loi sur la protection des droits d'auteur.

LES VOS-GES PAR LE CUL DE LA BOU-TEILLE

100 bistrots et 19 parcours touristiques, insolites et insolents,
pour découvrir la capitale du Massif vosgien, Saint-Dié-des-Vosges,
et ses environs, des portes d'Epinal aux fenêtres de l'Alsace, en passant par Gérardmer.

Vianney Huguenot
Préfaces de Philippe Claudel et Claude Vanony

Dessin : Jul / Maquette du journal sur le chevalet et sur la table du bar en couverture : Fred Hoen

A Karine.

A mes parents.
A Olivier.

A ceux qui sont morts de soif dans le désert.

Préface de **Philippe Claudel**

À VOS ARMES, À NOS ÂMES !

Ne nous voilons pas la face : d'ici peu, le monde se sera défait de ses derniers bistros. Bien des espèces animales ou végétales n'ont hélas pas le monopole de vivre sous la menace d'une extinction imminente : cette faucheuse d'un genre particulier frappe aussi certains lieux et ceux qui continuent à les faire vivre. Nos cafés sont en première ligne de cette guerre larvée, et chaque jour en France il en tombe un ou deux au champ du déshonneur, dans une indifférence presque totale. L'homme n'a pas renoncé à boire, mais il le fait de plus en plus chez lui, les pieds dans ses pantoufles, préférant s'amollir le derrière sur son canapé tout en regardant la boîte à cons, pardon, je voulais dire la télévision, plutôt que d'endurcir ses coudes sur le zinc tout en échangeant avec le patron du mastroquet, ou des inconnus de passage, des formules définitives, des rires et de grands emportements sur la politique, le sport, la météorologie ou l'absurdité de l'existence. Tout fout le camp, Madame Edmonde, remettez-nous ça quand même.

J'espère que le jour où le très original ouvrage de Vianney Huguenot deviendra un manuel pour les archéologues est encore loin, mais j'en doute hélas. Le gaillard croyait nous offrir un guide, il dessine en filigrane un tombeau. Heureusement

que l'enterrement prendra du temps et donnera soif aux marcheurs pénitents, aux endeuillés du galopin et aux vicaires

du pastaga qui suivront le cortège.

Quelle mouche l'a donc piqué le Vianney pour qu'il se permette de créer un genre littéraire, excusez du peu ! Son livre est tout à la fois un précis de flânerie, une ode à l'inutilité vagabonde et à la contemplation de l'ordinaire, un manuel anarchiste de libations déambulatoires. Faussement sportif, il incite à la randonnée vineuse et à la compassion éthylique. Il déroute, en proposant maintes routes qui sont à portée de nos pieds et de nos gosiers. Il dessine des portes pour nos songes en nous invitant à en pousser quelques-unes, à nous pénétrer de visages, d'atmosphères, de paysages minuscules. Il nous réapprend que le grandiose est à portée de mains, de pieds, de regards ou de lèvres. Et c'est alors une autre géographie qu'il nous dévoile, sous prétexte de nous faire baguenauder en Bistroterie : retournant la bonne vieille carte d'état-major, il fout son pied au cul du caporal et remplace l'ordre de dresser les faisceaux par celui de vider les godets. Jeux de piste. Guerre entre le rouge et le blanc, le grain et le fruit, l'anisé et le vermouth, le limé et le gommé, la pression et la bouteille.

Baroud d'honneur, disais-je un peu plus haut, que ce livre miraculeux. Sans doute, mais autant que le final soit au niveau des combattants : somptueux, dans une terre vosgienne que l'auteur aime comme une seconde peau, et à laquelle, l'air de rien, il rend un hommage ému et buissonnier. Livre respectable, unique et singulier, qu'il ne faudra surtout pas oublier dans sa bibliothèque, mais au contraire trimballer avec soi, dans un sac, plié dans la poche d'un fidèle imperméable, ou sur la banquette arrière de sa voiture et dont les pages, je l'espère, très vite seront cornées, froissées, à force d'être lues, auréolées des souvenirs circulaires de breuvages divers, de culs de verres qui dessineront des galaxies miraculeuses, de notes et de pensées profondes ou minces comme des cheveux. Si la vérité peut être dans le vin, elle l'est aussi souvent dans les livres : que dire alors des livres qui nous mènent au vin et nous en font découvrir les sentes oubliées ou délaissées ! Merci l'artiste et chapeau. A la tienne Vianney, voici donc l'enfant baptisé, et je suis fier d'en être un des parrains, et fier aussi que l'autre soit le Claude, et à la vôtre, braves lecteurs ! Et puis, tant qu'à faire, à la nôtre aussi ! Santé !

Philippe Claudel

Préface de **Claude Vanony**

J'étais bien loin de me douter, dans ces moments là, le menton à la hauteur de la table, derrière mon « diabolo grenadine », que toutes ces scènes que je savourais déjà, me serviraient, vingt ou trente ans plus tard, à composer mes personnages qui ont fait de moi un amuseur des Hautes-Vosges.

Finalement, avec le recul, je m'aperçois que je n'ai rien inventé, je n'ai fait que régurgiter ce que j'avais ingéré dans les bistrots où m'emmenaient mes deux grands-pères, Albert et Henri.
Il n'y avait pas un jour sans y aller dans ces cafés, plus ou moins longuement, quelquefois juste pour dire salut, et boire un « canon » sur le pouce, parce que la grand-mère avait fait promettre de ne pas « s'ennuiter »!.. Mais le plus souvent le temps n'était pas compté... C'était selon...

Les heures les plus chargées étaient sans nul doute les sorties d'usines, vers 18 heures, les tisserands, les sagards, les bûcherons et autres débardeurs, ces hommes rudes à la tâche dont les métiers donnent soif!.. La musette de la journée vide, il fallait refaire le plein avant d'aller à la soupe... Personne n'y voyait mal, c'était pour eux un bon moment de détente après des heures d'effort. Les 35 heures n'étaient pas encore inventées, oui, certains les faisaient ces 35 heures... mais par jour!..

Donc, dans ces bistrots (mon plus vieux grand-père leur donnait l'ancien nom de « cabarets ») qui ne portaient pas de noms particuliers, c'était chez Charlot, chez Batiss', chez la Suzanne ou chez la belle Alice. Dans ces lieux magiques c'était la grande récré, les forts en gueule tenaient le crachoir, le devant du comptoir (on ne parlait pas encore de « bar ».). Les plus sages écoutaient, assis plus en retrait,

en spectateurs attentifs... J'en faisais partie. De temps en temps, un spectateur invectivait le hâbleur du moment, le ton montait un peu, les postillons d'une feinte colère volaient dans la fumée des cigarettes roulées. Mais le calme revenait bien vite à l'invitation du patron, ou mieux, de la patronne. Les prises de bec ne débordaient jamais, les forts étaient souvent plus forts en gueule qu'en muscles!.. Oh!.. quelquefois, oui, on pouvait craindre une échauffourée, on pouvait entendre : « sors dehors que j'te rentre dedans!.. », « tiens ma veste que j'te casse la gueule! ». Du théâtre quoi... Molière revisité!.. Les plus anciens faisaient référence à la guerre de 14. « T'as pas connu les tranchées toi... dans l'eau jusqu'aux genoux, vivement que ça gèle qu'on puisse s'assoir », « Et toi, t'as pas fait Vaux (1). »

C'est dans ces bistrots que je me suis sans doute inspiré des attitudes, des gestes de ces comédiens involontaires mais ô combien naturels.
Debout, au comptoir, en appui sur une jambe, la casquette un peu de travers et qui s'avachissait de plus en plus vers la nuque au fur et à mesure des canons avalés. La musette en bandoulière que d'un geste rapide on renvoyait dans le dos, comme le facteur de Jacques Tati dans « Jour de fête »!.. La cigarette que l'on roule, tout un cérémonial... La façon d'opérer était rituelle. Sortir la feuille « Riz la Croix » d'un coup de pouce précis, en coller un petit coin sur la lèvre inférieure, en attente... Extirper la blague de la poche de la vareuse... prendre une pincée de tabac, la répartir dans le sillon de la feuille, rouler la cigarette après avoir humecté le côté gommé d'un rapide coup de langue. Réajuster le travail, les quelques brins de tabac qui dépassaient étaient soigneusement repris et remis dans la blague (pas avare, mais économe!..). Cette blague qui était restée calée dans une main et qui ne regagnait la poche que l'opération terminée. Le briquet à essence venait mettre le feu à cette cigarette qui, souvent, produisait une grande flamme s'il y avait plus de papier que de tabac!..

La cérémonie de la cigarette ne gênait nullement la conversation et c'est dans ces moments là que je me bidonnais le plus... Quand la feuille collée à la lèvre inférieure flottait comme un petit drapeau blanc entre nez et menton... Quand voulant rallumer le mégot, prudemment glissé au coin de la bouche et que, malgré la tête penchée, la flamme du briquet venait griller une petite touffe de moustache... J'en oubliais mon diabolo !

A la nuit tombée, les retours étaient souvent imprécis, sur la neige je croyais que mon grand-père glissait mais je ne comprenais pas pourquoi sur route sèche, il marchait toujours aussi mal. Je ne comprenais pas non plus pourquoi ma grand-mère lui servait « la soupe à la grimace!.. »
Les dimanches, nos bistrots prenaient des allures de fête, le jeu de quilles y était pour beaucoup. Les paris allaient bon train :
« 100 sous pas 4 !.. » Nous, les gamins, profitions de ces jeux pour nous faire quelques pièces car, au contraire des « bowling »

mécanisés d'aujourd'hui, les boules ne revenaient pas toutes seules, il fallait les déposer dans un petit toboggan incliné, fait de deux perches parallèles au bout duquel la boule arrivait aux pieds du joueur. Seulement, ces fonctions de « requilleurs » étaient très prisées et les plus grands s'octroyaient ces postes. Nous, les plus jeunes, au lieu de les renvoyer... on les avait... (les boules) !..

Ah!.. ces bistrots!..

Plus tard, dans les années 50, quand j'accompagnais mon père à Saint-Dié et qu'après ses courses chez Brajon ou chez Baty, avec des collègues du bâtiment on allait dans les bistrots le long de la Meurthe, installés provisoirement dans ce qu'on appelait des « baraques de sinistrés », l'ambiance n'était plus la même, on était en ville!.. Eh!.. On était à la Sous-Préfecture!.. Puis j'avais grandi et mon diabolo était remplacé par un demi-pression... Ceci explique cela.

La plupart des cafés que j'ai connus dans mon enfance ont disparu en même temps que les ouvriers du bois et du textile. Les débits de boisson (ils s'appelaient ainsi) ne débitent plus souvent de « canons » de rouge, ils ont été transformés en bars-brasseries voire même en salons de thé!..

Ces établissements sont plus huppés, plus « cleans » comme on dit aujourd'hui. Plus de Charlot ni de Batiss'. Envolées les Suzanne ou les belles Alice!.. Même les cafés du commerce et de la gare (quand il y en a une...) ont du mal à garder la tête hors du tonneau. Le couperet des nouvelles lois est tombé sur le cou de celui qui voulait encore boire un coup!.. Terminée la cigarette... pas plus roulée que cousue... Interdit et dangereux le retour avec plus de 0,5 en voiture alors que mon grand-père « chambollait » (2) en rentrant à pied. Je ne vous cause même pas des heures de fermeture, alors que de mon temps on pouvait y passer la nuit... sur ou sous la table, à la rigueur sur le grenier à foin!

Voilà, c'est comme ça...

Heureusement que Vianney Huguenot a longuement recensé tous ces lieux disparus ou en voie de disparition. Pour la mémoire. Il fallait le faire, il l'a fait... Merci.

Claude Vanony

(1) Le fort de Vaux, à côté de Verdun
(2) Marcher en vacillant

« Mon
Dieu, grand merci
d'avoir fait de moi un
penseur du dimanche !
Ces mots, ces aphorismes ont
été écrits en trombe, sans que je les
eusse véritablement pensés.
Qu'ils donnent à réfléchir constitue
un présent inattendu, car, en
fin de compte, ceci est mon
testament. »

San-Antonio

De la Roche Saint-Martin

Léger aperçu de la ville depuis le camp celtique de la Bure, avec sa table d'orientation, faisant aussi prestigieux comptoir.

Introduction

Voilà quelques lurettes que l'idée de ce guide touristique, nostalgique et bistrotier – ah oui!, parce qu'il faut les soutenir nos guinguettes en voie d'extinction – m'agite le cigare. Fallait-il que je fasse de la Philomatique (1) mâtinée de Club Vosgien ? Du déjà vu. Du respect pour ces deux institutions, sûr, mais pas ma tasse de thé, pas mon godet de cru, quand j'enfile les godillots chaque matin, m'attachant à muscler intelligemment mes sublimissimes triceps, marchant et découvrant la ville en même temps. Voilà pour les germes de ce recueil.

Pour les objectifs, rien de bien intellectualisé, juste l'envie de faire aimer Saint-Dié-des-Vosges et sa région – elles le valent bien, au contraire de ce que bave tout ce qu'elles ont engendré de pisse-vinaigre – les faire aimer avec ce qui se voit moins, tout ce que nous, communicants, avons pour manie de ne pas montrer : les recoins, les coins de table, les dessous de tapis, les placards, les arrière-cours, les couloirs, une table bancale, une allée encombrée d'un charme rétro, une rangée de charmes mal découpés, un tricot de sarments de vigne, un tag, la cabane en ruine d'un jardin ouvrier, une enseigne décrépie, une entrée cochère à la Colette, un banc abandonné de tous, de tous fors le temps, une verrière décousue, un pont poussiéreux, de grès, des maisonnées alignées, se tenant chaud, une jonchée de feuilles sur un sol que les mauvaises herbes colorent aussi, la rouille témoin de l'imparfait.

Car par bonheur, tout n'est pas parfait, tout n'est pas lisse, rangé, aseptisé, climatisé. Ces milliers de particules, indociles et sales, font le ciment d'une ville, en ce qu'ils relient tout ce qui, depuis 4000 ans, quand des peuplades néolithiques prenaient possession du massif de la Bure (2), a été creusé, posé ou cultivé là, bâtiments, rues, pelouses, arbres, mobiliers, monuments, dont de nombreux splendides et uniques.

Ce sont ces particules qui donnent du goût à la ville.

Je suis parti avec une idée fixe, sorte de fil rouge : la défense et la promotion de nos bistrots. Voilà un des plus grands scandales du XXe siècle – et le XXIe ne rachète guère les fautes de l'ancien : l'abandon, au nom du tout net, des bars. On s'y alcoolise. On s'y alcoolise aussi. Racine du quiproquo, cet *aussi*, que les gens bien – entendez les gens qui s'abreuvent en douce – ôtent à l'envi. On dit de ces établissements qu'ils sont repaires d'arsouilles. Ils sont. Ils sont mieux encore. Et puis, outre que là on lit, on dégoise sur son voisin, on refait le monde, on défait l'élection, on se planque, on déclare sa flamme à l'élégante, à l'abri d'une autre belle plante, qui évanesce sur l'armoire à serviettes, on babine, on baragouine, on babiole, on tartine, on polissonne, on croute, on digère, on dort, on meurt. Seul lieu au monde où l'on fait à peu près tout, du matin au soir. Et on voudrait le supprimer, l'assassiner, l'assoiffer, l'assécher, l'assainir, y vendre du lait, lyophilisé, très cher, proscrire, après le tabac, l'éclat de voix, couvrir le pigeonnant de la verseuse, carreler sols et murs de blanc, n'ouvrir qu'aux heures chrétiennes et faire des paroissiens des souris de laboratoire.

Ajoutons – j'utilise de plein gré la première personne du pluriel car je sens bien que vous commencez à rallier ma cause – qu'il n'y a pas plus chatoyant qu'une virée se concluant en terrasse ou au zinc. C'est comme un fignolage. Le verre ou la tasse fermant la marche est le don du poli. Un acte d'amour, d'amour du travail bien fait.

Pour finir cette bavasserie apéritive, revenons sur les XXe et XXIe siècles et leurs premiers de cordée. Ils se sont entendu, clercs et experts, de Lamotte à Beuvron, de l'Ain aux Zardennes,

Depuis la route forestière de Bellevue, sous la roche des fées

pour éteindre les gargotes, l'une après l'autre. Ils le font, les fourbes, au nom de la lutte anti alcoolisme (comme s'ils ne savaient pas que l'alcolo, le vrai, se pochetronne seul, à l'abri du regard des autres et de leurs théories à l'emporte-trois-pièces), au nom de je-ne-sais quelle idée qu'on quitte l'estaminet en fouettant la sueur, la graille et le perlot, et au nom de cet insupportable mot magique : moderne. Tellement fiers de leur sémance (7), ils ont pondu des dérivés, à la pelle : modernisateur, moderne style, modernisme, modernissime, modernissimissime, modernité, modernisation, modernator. Tais-toi et sois moderne ! Il faut reconnaître à nos blasonnés que plus ça va, mieux ça va. Les gens sont modernes et heureux, ça se voit ! Bref, nostalgie interdite. Nostalgie, vous l'aurez noté, toujours assortie d'un adjectif acariâtre ou d'un commentaire acerbe, quand ce n'est pas *Le Grand Robert* qui nous assaisonne d'une niaiserie en évoquant le style « dépressif » de la chose. La nostalgie est belle, positive, émouvante. La mélancolie est une lumière. Le spleen, une fleur. On peut ne jamais quitter son Smartphone (je ne m'en sépare pas) et s'émouvoir d'un champ nu aux senteurs de l'époque du bon vieux temps. Oui, le temps vieux et bon. On peut le regretter sans virer psychopathe. On peut aimer la terre et maudire Pétain. Maudire aussi les pollueurs, objecter à leurs cousins de gros doutes sur les ondes et les OGM, et honorer les inventeurs, saluer la recherche, la dire indispensable et aujourd'hui indigente. Comme on ne confond pas islamique et islamiste, on pourrait ne pas confondre scientifique et scientiste. Alors

Saint-Dié-des-Vosges depuis la roche dont le garde-champêtre et président de la chasse, Bernard Fertig, vrai titi déodatien, me dit qu'elle n'a aucun nom. Je la baptise séance tenante du sien. Roche Bernard-Fertig.

on ne confond pas nostalgique et triste.

C'est d'ailleurs tout à fait gaiement que j'ai repéré les parcours de ce guide, et les ai parsemés d'anecdotes et commentaires, sans ambition historique, sans analyse sociologique, simplement nostalgique, sur un lieu, un objet, une construction ayant pour utilités, parmi d'autres, de nous susurrer – histoire de ne pas réveiller l'Homo Modernus – que la vie, c'est comme le Bescherelle : passé, présent, futur s'apprennent ensemble et se conjuguent tous.

La grammaire n'étant pas faite pour les chiens, on est sérieusement en droit de penser que nos maîtres ne se sont pas tarabusté le pédoncule pour des prunes et nous prient, nous les vivants, de vivre à tous les temps.

REMERCIEMENTS

J'adresse des remerciements chaleureux à tous les serveuses, serveurs, patrons et patronnes de café, qui m'ont abrité quelques instants au cours de ce périple, entamé il y a bien longtemps. Plusieurs anecdotes ou photos datent d'une époque, il y a cinq à six ans, où j'étais journaliste pigiste, notamment pour *L'Est Républicain* et *La Liberté de l'Est*. Pigiste, c'est-à-dire tâcheron, payé à la tâche, à la pige, nécessiteux d'un maximum d'articles publiés pour arrondir son mois, ce qui ne m'a jamais interdit d'allonger, comme on allonge le café d'une eau de vie et la vie d'une eau de rose, mes reportages d'un arrêt au bistrot. J'y entamais parfois mes papiers, sur un cahier à spirales. J'y donnais aussi beaucoup rendez-vous.

J'évoque dans ce guide touristique, sur 19 parcours (9 circuits pédestres détaillés, à Saint-Dié-des-Vosges, et 10 autres sur une trentaine de kilomètres à la ronde), 100 établissements en tout, cafés, auberges, bars, dont 47 à Saint-Dié-des-Vosges et 53 sur les communes de Neuvillers-sur-Fave, Lusse, Saulcy-sur-Meurthe, Corcieux, Barbey-Seroux, Granges-sur-Vologne, Raon l'Etape, Celles-sur-Plaine, Pierre-Percée, Ban-sur-Meurthe-Clefcy, Fraize, Plainfaing (col du bonhomme), Moyenmoutier, Senones, La Petite Raon, Saulxures (col du Hantz), Denipaire, Ban de Sapt, Saint-Michel-sur-Meurthe, La Bourgonce, Etival-Clairefontaine, Frémifontaine, Bruyères, La Houssière, Sainte-Marguerite, Provenchè-

Depuis le chemin de la Pironnelle à Robache

res-sur-Fave, Lubine, Saâles, Gérardmer et Champdray.

Pour vous les présenter, j'ai fait halte, parfois longuement, parfois il y a longtemps, dans certains bars. D'autres n'ont été qu'effleurés. Je me suis parfois présenté, parfois tu, me glissant dans l'habit du pilier, captant quelques conversations, reniflant l'air du temps. C'était selon mon humeur. Au hasard d'une rencontre, je me suis arrêté dans d'autres bourgades à bars raccourcis. Je vous en parle aussi.

Merci tout aussi chaleureusement à celles et ceux qui m'ont aidé, de façons différentes et parfois sans le savoir, à boucler ce livre. Merci donc à Karine (et sa petite Eloïse, en couverture du livre), Monique, Maurice, Olivier, Claire, Julien, Christian, Gilles, Bernard F, Bernard J, Philippe, Pierre, Géraud, Gilberte, Frédéric H, Frédéric T, Jacky, Nadine, Mélanie, Bénédicte, Laetitia, Jeanne, Orely, Jeannette, Michel, Bruno, Christophe, Florent, Anne-Marie et Daniel.

Merci enfin à Philippe et Claude qui ont répondu oui à ma demande de préface. Les savoir là, ces deux grands auteurs, au coeur intelligent, je le sais pour les avoir déjà croisés, est rassurant et m'honore sincèrement.

La plupart des photos sont de Vianney Huguenot, dont plusieurs signalées par un « PA » (Photos d'Archives), datant de l'époque où il travaillait pour L'Est Républicain et La Liberté de l'Est, de 2005 à 2008.

Depuis l'ex appartement de mon ex belle mère, à l'Orme.

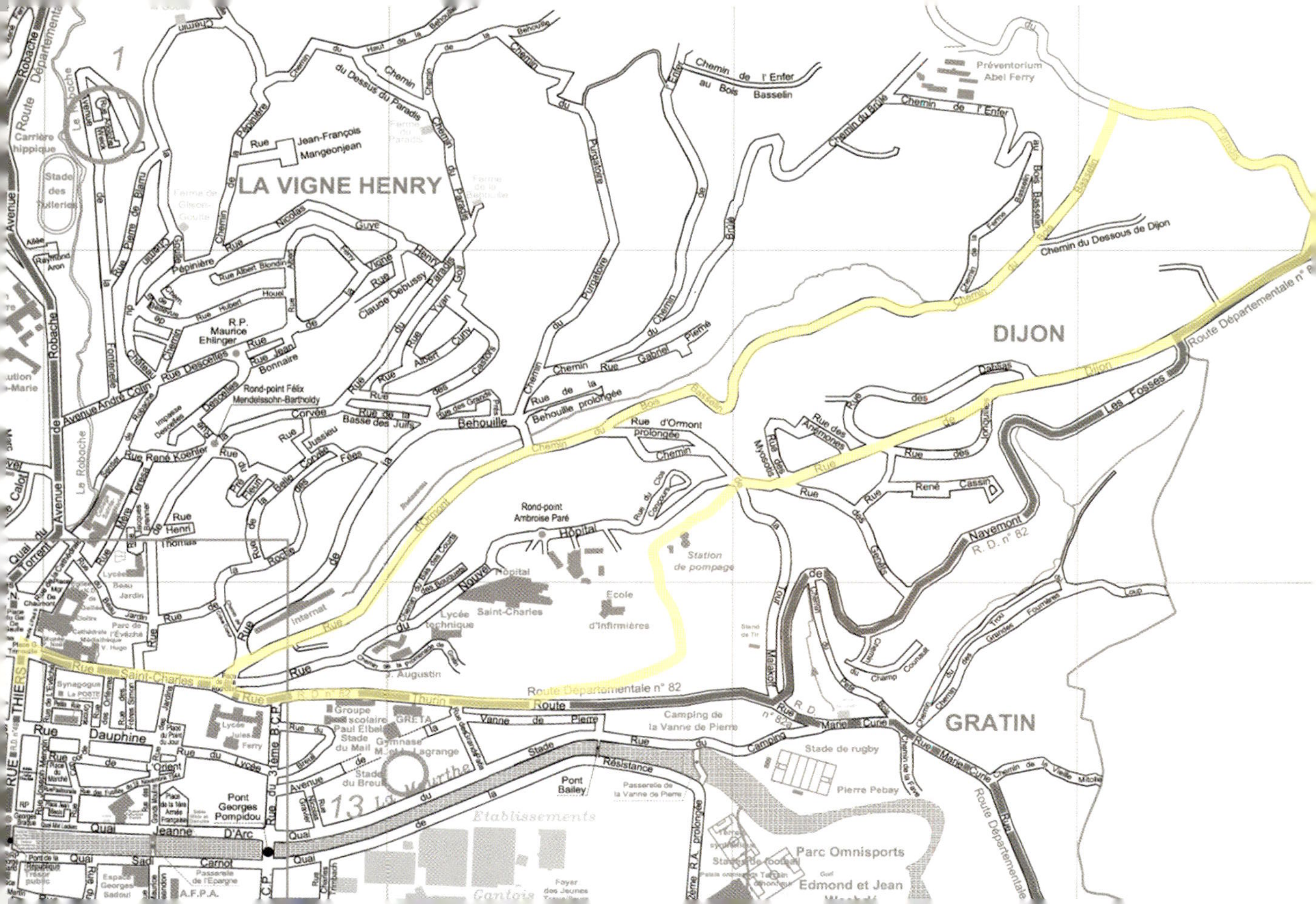

LA VIGNE HENRY
DIJON
GRATIN
Préventorium Abel Ferry
Chemin de l'Enfer au Bois Basselin
Chemin du Dessous de Dijon
Chemin du Dessus du Paradis
Chemin du Paradis
Chemin du Purgatoire
Rue Jean-François Mangeonjean
Rue Nicolas Guye
Rue Claude Debussy
R.P. Maurice Ehlinger
Rond-point Félix Mendelssohn-Bartholdy
Rue Descelles
Rue René Koehler
Avenue André Colin
Rue Pierre de Blarru
Rue de la Fontenelle
Rue de Behouille
Rue de la Behouille prolongée
Rue Gabriel Piermé
Chemin du Bois Basselin
Rue d'Ormont
Rue d'Ormont prolongée
Rue de Dijon
Les Fosses
Rue des Dahlias
Rue des Anémones
Rue des Myosotis
Rue René Cassin
Rue des Genêts
Nayemont R. D. n° 82
Rue de la Tour Malakoff
Rond-point Ambroise Paré
Hôpital Saint-Charles
Rue de l'Hôpital
Station de pompage
Ecole d'Infirmières
Lycée technique
Internat
Rue Saint-Charles
Route Départementale n° 82
Rue Thurin
Rue Marie Curie
Camping de la Vanne de Pierre
Rue de la Vanne de Pierre
Stade de rugby Pierre Pebay
Parc Omnisports Edmond et Jean
Rue du Stade
Rue de la Résistance
Pont Bailey
Passerelle de la Vanne de Pierre
Groupe scolaire Paul Elbel
GRETA
Stade du Mail
Gymnase M. et L. Lagrange
Stade du Breuil
La Meurthe
Etablissements Gantois
Lycée Jules Ferry
Rue du Lycée
Rue Dauphine
Pont Georges Pompidou
Quai Jeanne D'Arc
Quai Carnot
Quai Sadi
Rue du 31ème B.C.P.
Lycée Beau Jardin
Parc de l'Évêché
Cathédrale
Médiathèque V. Hugo
Synagogue
La POSTE
Rue Thiers
Avenue de Robache
Route Départementale
Stade des Tuileries
Carrière hippique
Le Robache
Quai du Torrent
Rue Henri Thomas
Rue de la Corvée
Rue Basse des Juifs

PARCOURS 1/

« THIERS »

1h40

Ce dimanche, il est 9h54, je viens d'achever mon urba-rando, j'entame sur un coin de table mon récit, à quelques pas d'un balcon où le soleil afflige déjà la ville, la météo vient d'annoncer quatre jours de canicule. On a tout dit, me dites-vous, sur l'histoire et la géographie de cette ville, ses vallons, ses massifs, ses quartiers, d'habitat social ou rupin, son passé, glauque ou glorieux, son présent compliqué, son futur, qu'on esquisse comme on peut. On a tant écrit sur ses cathédrales. Celle de la place de Gaulle, classée monument historique. Qui vaut le coup d'yeux, les deux, oui, parce qu'avec le premier vous lirez que ce bon René II considérait notre église comme la quatrième de son duché de Lorraine, après les évêchés de Metz, Toul et Verdun.

Si la nature ne vous a pas fait borgne, votre second larmier vous racontera que cette cathédrale, construite et déconstruite au fil des ans, accueille, depuis 1986, un remarquable ensemble de vitraux contemporains conçus sur le thème « Mort et résurrection ». Devant la cathédrale, ne loupez pas le tilleul (13), vieux comme mes robes et qui en a bluffé des générations de pisseurs de tisane. Il y a celle aussi de la place Jules-Ferry, la Tour de la liberté, autre cathédrale, aciérée, elle, me promenant, dans le choix de la métaphore, près de la « cathédrale sylvestre » de François Mauriac ou vers celle, vaisseau, de Jacques Brel, « filant sur l'Angleterre ». Bref.

La Tour de la liberté a un évêque tout à fait respectable en la personne de Georges Braque qui laissa errer là sa bijouterie, faisant de cet abri de verre et d'acier un musée unique au monde. Braque, à ce qu'on entend parfois, et je suis tout prêt à le croire et le répéter pour la belle gloire de notre bonne ville,

Conclave de nœuds rue d'Ormont

est le vrai inventeur du cubisme. Avant Picasso, oui, Môssieur !
Ou en même temps. Mais voilà, Pablo aurait piqué l'idée de son pote. Ne voulant pas d'ennuis judiciaires avec la descendance de l'hispanique, je réfute immédiatement cette thèse et vous propose celle-ci, à laquelle j'ai longuement réfléchi en marche : Pablo et Giorgio jouaient ensemble aux cubes et décidèrent de coucher sur la toile leurs élucubrations. Et puis Giorgio a trouvé ça chouette.

Il dit à Pab : « eh, Pab, on pourrait appeler ça l'élucubrisme ». « Trop long, ça rentrera jamais sur nos cartes de visite, mieux vaut cubisme » lui verbia Pablo. Giorgio, emballé, dit à son copain de faire un saut, entre la boulange et la banque, à l'Inpi pour déposer le blaze de leur marque de fabrique. Ce que Pablo fit. Donc, voilà, on va dire qu'ils sont maîtres du cubisme tous les deux. Mais l'Inpi, puis l'histoire, puis les gazetiers embrayant en bêlant, puis les joyeux bambins traînant leurs dreadlocks dans les manuels scolaires, n'ont retenu qu'un nom : El Pablo Picasso. Tout fut différent, et la face du monde avec, si c'eut été le tour de Georges d'acheter le pain.

Plus sérieusement, c'est assez affligeant, attristant, accablant, navrant – oui, oui, j'ai un excellent dictionnaire des synonrimes – de constater comment les réputations et les popularités se bâtissent et durent. Le hasard n'est pas seul à décider, mais il a quand même du répondant. Pierre Didier, par exemple, que j'ai découvert sur le tard et auquel la Ville a consacré une exposition à l'été 2011, vaut très largement le détour. Bien autant que quelques pontes du pinceau dont les télés, par ignorance ou paresse, se repaissent et se repassent les tableaux en boucle. Pierre Didier est Déodatien. Enfin, presque. Pourquoi n'a-t-il pas eu (encore) le retentissement qu'il mérite ? Certains avancent l'idée d'un attachement trop fort à sa liberté, un refus net d'accrocher sa blouse dans une école où il aurait pu gravir les échelons pour nettoyer le sous-calife avant de déboulonner le singe. Toujours est-il qu'au cours de ce parcours, on aperçoit sa maison, puis-je dire d'inspiration Le Corbusienne – je le dis – lequel Le Corbusier a bâti un peu plus bas la seule usine de son oeuvre, unique donc. Oui, je sais, il y a beaucoup d'uniques dans cette ville et on ne se prive pas de le dire, ce qui fit un jour gentiment sortir de ses gonds le chef d'agence de *Vosges Matin*, Philippe Cuny, nous faisant grief de notre penchant pour les superlatifs. Saint-Dié-des-Vosges, capitale du Massif Vosgien, capitale mondiale de la géographie, parce que lieu de l'unique Festival international de géographie, parce que, en 1507, ici, quelques sachants sachant dessiner dessinèrent, pour la première fois au monde, le nom *America* sur une carte, d'où « Saint-Dié-des-

Cette chaise en formica, œ
vre de Pierre Didier, aurait
illuminer la délicieuse salle
Bar de la Rochotte où trô
des si authentiques baby-fo
et flipper qu'on devine pas lo
Michel Delpech et sa Lauret
Photo de Philippe Coligno
publiée avec l'aimable auto
sation de Pierre Didier.

p.didier

Vosges, Marraine de l'Amérique », ça en jette, ça. Cher Philippe, tu auras noté qu'on ne pousse même pas le bouchon à se dorloter le fronton de l'appellation de Capitale mondiale du cubisme et de la réhabilitation de Braque, du vitrail moderne et de l'architecture industrielle contemporaine réunis. Mate un peu notre humilité !

Il faut donc démarrer la balade au bar « Le Thiers », un des plus gros saloons de la city, à la terrasse et au patron et serveuses et serveurs agréables, installé à quelques mètres du lieu de naissance de Jules Ferry (là, au 58 rue Thiers, près de la *Maison de la presse*, il y a une plaque qui signale l'endroit).

Boire un café. Un blanc-casse dans les pattes avant d'entamer l'errance n'est pas recommandé. Et puis il faut garder le meilleur pour la fin, qui pourrait être un Pinot noir rosé d'Alsace, que sert « Le Thiers » en quart, gouleyant à souhait.

Puis se taper la rue Saint-Charles. Au croisement du bout, où il y a un rond-point (maladie la plus répandue chez les édiles de ce pays, dite « la punctum-circularum-infectum »), il y a, perchée sur un obélisque, la statue de la Meurthe, principale rivière coulant dans nos veines. Prenez sur la gauche. Ne pas manquer d'admirer ce joyau de l'art bistrotier des années 70, avec sa petite terrasse, son baby-foot d'époque, son zinc en bois, « le bar de la Rochotte », sur lequel nous reviendrons (parcours 6). Juste en face, « le Bar du Lycée, chez Manu », parce que le lycée Jules-Ferry tout près, le « BL » que j'ai le malheur de n'avoir pas bien connu, ayant été élevé à l'école des curés dont les potaches, les crabes et les clampins surtout, fréquentaient le « Hile Bar », devenu ensuite « Le grand café », propriété de Colette et Guy Renard qui en firent avec leurs successeurs, dont leur fils Pascal, un étoilable de la ville (en tout cas un des meilleurs de la région où vous devriez aller becqueter la tête de veau).

Revenons place de la Rochotte (on dit aussi Rochatte, c'est selon la densité de votre chewing-gum), là, enfilez-vous la rue d'Ormont, idéale pour une mise en jambes, un

L'Equipe du « Thiers », un des plus gros saloons de la city

cross lent, format poids-lourd. Continuez par le chemin du Bois Basselin, qui va très loin. Si pas de carte sur vous, suivez les croix rouges (pas des points de ravitaillement en pansements, juste des codes du Club Vosgien). Elles, les croix rouges, vous mènent d'abord à un champ. Retour cent ans en arrière. Rien, pas de pouet, pas de vlan, pas de vroum, pas de tagada tsoin tsoin, du pur bonheur, à un quart d'heure à pied, à peine, du centre ville. Vous entrez ensuite en forêt, sur un sentier agréable, pas difficile pour deux ronds, qui vous mène à la route forestière du Paradis. Vous pouvez, si pas de contre-indication de vos poumons, bifurquer à gauche, plein de balades s'offrent à vous, ou alors tout droit pour atteindre, par un chemin avec de très belles vues, et ce n'est pas pour rien qu'il s'appelle « Route forestière de Bellevue », plusieurs roches (des fées, du caillou, du sapin sec). Je vous conseille de prendre à droite, retour sur « Dijon » (quartier de la ville), par une rue baptisée d'un nom si ésotérique que j'en ai parfois perdu mon latin mais retrouvé ma route, « rue de Dijon ». Avant de la prendre, arrêtez-vous à ce petit croisement, doté d'un banc qui semble chevaucher les communes de Nayemont-les-Fosses et Saint-Dié-des-Vosges, et d'un superbe tilleul planté le 11 novembre 1918. Cette « rue de Dijon » mêle les habitations nouvelles et quelques vieilles et belles fermes. En bas de la rue, une bonne quinzaine de minutes plus tard, vous pourrez admirer la ville d'un seul regard, avant d'entrer dans un bois, le « bois de Gratin », que les joggeurs citadins empruntent pour astiquer à la hâte leurs articulations avant de partir s'user le poil aux fourneaux. Cette « Folie Thomas » (12), autre nom de ce lieu, est un peu notre Bois de Boulogne, sans les fleurs, à mon dam, de macadam. Notre Central Park (3). C'est aussi notre Parcours du cœur (finies les croix, suivez les cœurs, rouges aussi). On s'en sort par la rue Thurin. En bas du bois,

Tout en haut du Bois Basselin, route du Paradis, quand je vous parle des possibilités d'aller à gauche, pour de belles balades, vous arrivez notamment sur l'aire du Paradis où je me suis un jour pointé, les yeux embleués de cette vision. Je les ai écarquillés, me les suis frottés, les ai finalement décidés à rebrousser chemin (PA).

Ici, en haut du chemin du Bois Basselin, à à peine un quart d'heure du centre-ville, pas de pouet, pas de vlan, pas de vroum.

une fontaine crachote. C'est une des plus vilaines – un bidon découpé en deux, de marque Burlin et de cette fonderie, j'en parle plus loin – alors que la ville compte de très nombreuses fontaines remarquables dont celle, rue d'Amérique, de style Renaissance, ou celle qui cercle l'obélisque de la Place du Point du jour où sévit un restaurant du même nom, simple et fameux, où je vous conseille la salade périgourdine. Mais cette fontaine du bas du bois a son histoire, celle de milliers de laveurs de bagnoles qui, dé-

Dans cette rue Thiers, vous pouvez allez à contresens de la cathédrale, suivre les pas de Jérémie Bellanger, ici pris sur le vif un jour de Festival International de Géographie, vers le lieu de naissance d'une autre gloire de la ville, Jean-Baptiste Jacques Augustin (dont la plaque, au 7 rue Thiers, est d'ailleurs de traviole) qui « s'était affirmé dans un genre très prisé : le portrait en miniature. Il fut le peintre officiel de la Cour, réalisant notamment des portraits de Louis XVIII. » (5)

munis de jardins et tuyaux d'arrosage, ou simplement pingres, viennent cirer depuis des lustres leurs attelages. Au bout de la rue Thurin, la place de la Rochotte. A gauche, le lycée Jules-Ferry, où s'érigeait jadis l'hôpital Saint-Charles, où s'activaient jadis, en 1782, soyons précis, le pharmacien Renaud et les médecins Deybach et Poma « traitant par l'électricité médicale les malades atteints de rhumatismes et de paralysie arthritique » (4). A droite, le Bar de la Rochotte. Tout droit, retour vers mon carrosse via la rue Saint-Charles, la place de la cathédrale, la rue Thiers et son « Thiers » que je décidai ce dimanche ensoleillé de fuir, pour cause de surpopulation. La foule me peine.

INCARTADE À NAYEMONT-LES-FOSSES, NEUVILLERS-SUR-FAVE, FRAPELLE ET LUSSE.

Du « Thiers », je partais donc peu chargé, de quelques amis seulement, vers Lusse, proche banlieue de Provenchères qui a pour particularité, sachez-le, ça se case facilement dans une tchatche mondaine, d'avoir eu pour candidats au Conseil Général, alors qu'il est le plus petit canton du département, trois ministres : Maurice Lemaire, Lionel Stoléru et Christian Pierret.
Pour vous rendre à Lusse, reprenez, à pied ou à cheval, « Dijon », puis Nayemont-les-Fosses. En entrant là, vous humerez sur votre droite un air de bistrot, l'air seulement, pas la chanson, seule l'enseigne Kanterbrau, toujours là alors que le lieu est strictement privé, rappelle les barriques de « dynamite » - du nom du pinard imbuvable – éclusées là. Rejoignez le chemin du Chêne de la Vierge qui vous mène à Neuvillers-sur-Fave. Ce chemin, appelé « route des quatre grammes » (je ne vous fais pas de dessin) aurait pu s'appeler « route des pique-niques », il y a des tas d'opportunités de casser la

graine à l'ombre du soleil. Il y a aussi plein de possibilités de balades, vers la chapelle Sainte-Claire, les roches de l'Ormont ou le Spitzemberg.

A Neuvillers, « le Café du centre » est toujours en activité, stoppez-y, je n'y ai amené que de bons amis, du temps notamment où Carmen pilotait le bastringue. Et puis le jeu de quilles, lui aussi, semble toujours allumé.

Passage à Frapelle, avec un très beau vieux bistrot qui m'a tout l'air à l'agonie, mais à vérifier, je n'y suis passé qu'en estivale.

Arrivée à Lusse où vous vous dirigerez vers le centre. Juste sous l'église, clignotez à gauche. Il y a, à la sortie de la bourgade en direction de Colroy-la-Grande, un bistrot extraordinaire. Un machin comme on n'en fait plus. De bric et de broc, et ce n'est pas faire injure à sa gargotière que de le dire ainsi. Celle-ci chante en vous servant. La salle du bar est une excroissance, comme un bourrelet, d'une maison d'habitation, façadée de grandes verrières et pimentée d'une terrasse ombragée où l'enseigne Kronenbourg a résisté à tout, aux rejets des arbres, à la mouscaille des nichées, aux soleils des temps qui passent, à l'indifférence des gens qui ne savent pas, ne savent pas encore, que se poser là, sous la protection de ce Saint-Houblon des campagnes, est un privilège. Rare.

On the road of Lusse, stop to the « Center Bar » at Neuvillers, with son game of quilles. (PA)

Entre Lusse et Colroy, l'air de rien, enfin, d'un petit air de paradis quand même, un exceptionnel café, du nom administratif d'Auberge de Bauchimont

Si vous revenez vers le centre de Lusse et poussez un peu plus haut, en direction du hameau des Trois Maisons, vous pourrez entamer une belle randonnée sur la Chaume et, au passage, admirer les ingénieuses mécaniques animées de Camille Chrétien.

LA ROCHE SAINT-MARTIN
Chemin des Sables
Chemin Forestier des Roches
Route Nationale n° 59
Rue de la Côte Saint-Martin
Rue du Petit Bolle
Rue de la Bolle
Bolle prolongée
R.D. n° 420
SITA ESPAC
Groupe scolaire Ferdinand Brunot
Rue J-Maurice André
Rue Linck
Rue de la Madeleine
Commissariat de Police
Rue des Sables
Ruelle des Sables
Rue des Folmard
Impasse des Folmard
Square Cattolica
Rue du Parc
Rue Louis Burlin
Chemin de la Nolle
Rue Déodat
Rue Erckmann Chatrian
Chapelle Saint-Déodat
Centre Technique Municipal
Rue Jacques Grüber
Impasse de l'Hermitage
Rue de l'Hermitage
Rue du Capitaine Da Lassus Saint-Geniès
Rue de Verdure
Avenue Marguerite
Rue Hector Berlioz
Rue de Richardville
Jules Ferry
Hôpital de Foucharupt
Rue Ruben Vallet
Rue Maurice Barlier
Rue Louis François
Rue Léon Jacquerez
Rue Pelet
Rue du 3ème Bataillon de Chasseurs à Pied
Square de la 103ème D.A.A.
Rue de la Grotte
Rue Aristide Briand
Gymnase René Perrin
Gendarmerie
Groupe scolaire Darmois
Rue de Saint-Dié
Gare SNCF
Chemin de fer de Lunéville à Sélestat
Chemin de fer de Epinal à Strasbourg
Passerelle du Petit Saint-Dié
CIRTES
O.N.F.
InSIC
Ruelle du Sauveur
Rue de la Meurthe
Rue Gambetta
Square Ville de Friedrichshafen
Eglise Saint-Martin
Institution N.D. de la Providence
Place Yves Berger
Place Pierre Sèvel
Rue de la Gare
Rue Pasteur
Rue d'Alsace
R.D. n° 420
Rue du 19 mars 1962
Rue de la Croix
Rue de la Prairie
Salle des ventes
Maison du XXIème Siècle C.E.P.A.G.R.A.P.
Maison de l'Enfance F. Dolto
C.E.M.O.D.
Groupe scolaire Clémenceau
Rue du 10ème B.C.P.
Rue du Moulin
Rue Maurice Jeandon
A.F.P.A.
Passerelle de l'Epargne
Espace Georges Sadoul
Rue Sadi Carnot
Quai Jeanne D'Arc
Rue Thiers
Quai Jeanne
Trésor public
Rue Ménantille
Rue du 8 Nov. 1918
Rue de la Digue
Rue Saint-Eloi
Rue Stanislas
Rue Jean-Jacques Baligan
Rue Joseph Mengin
Place du Marché
Rue Dauphine
Rue des Grands Moulins
Rue de l'Orient
Pont Georges Pompidou
Rue de la Lycée
Lycée Jules Ferry
Rue du 31ème B.C.P.
Rue des Frères Simon
Rue des Jardins
Rue Lafayette
Rue Joséphine
14
17
3

PARCOURS 2/

« SAINT-VINCENT »

2h

Grand soleil ce dimanche (Oui, autre sale rumeur qui pollue notre ville et qu'il faut illico taire : la pluie abondante). Il fait ici souvent beau et chaud. Une vigneronne-œnologue réputée, connaisseuse en éclat, vu que la Nîmoise a le soleil en voisin de palier, me disait très sérieusement qu'on pourrait, dans quelques coins de Déodatie, envisager d'ici une cinquantaine d'années l'élevage de vignes sur certains coteaux. Je croise les doigts, prend ceux de l'autre main pour combler mon gobelet et prie qu'elle dise vrai. J'ai entamé ma promenade par un express, que l'horaire matinal m'indiquait, au « Gainsbar' », rue des Trois villes, jolie guinguette, idéale aussi pour un « sur le pouce » à midi, en terrasse, dont les doigts de pied baignent sur une rue où, comme on dit, il y a du passage (comme « Le Thiers » ou « Le Poste », rue Thiers, « Les Deux Rives » ou le « 1507 », quai Leclerc, « Le globe » et « Quai 8 », quai de Lattre). Recommandé donc pour qui va au zinc démuni de gazette. La rue pour magazine ! Le journal, ou le livre, voire le Smartphone, est un outil indispensable du bistrotier pratiquant. D'abord, une taverne est un lieu impeccable pour lire. Les bruits d'ambiance gargotière sont d'une telle variété qu'aucun ne vous accapare vraiment. Tous vous entourent d'un brouhaha pas si désagréable, nonobstant les mobylettes sans pot crétinant à l'entour. On devrait, pour cette gent à la mauvaise éducation d'appellation contrôlée, créer une législation spéciale, ordonner l'expatriation sur le champ, l'explanétisation, condamner sans appel,

Au Quai 8, près du monument aux morts, déshabillé en 1940 par les occupants nazis « des figures allégoriques de bronze qui en faisaient l'intérêt historique » (5)

travaux forcés, là, au sous-sol d'une bonne vieille fabrique de silencieux. Perpète. On y ajouterait une cellule, une grosse, pour les perturbateurs de peinardise en buvette, les raseurs, les bouffeurs de grand air, les aspirateurs de liberté, qui s'installent à votre table sans vous demander la permission, persuadés qu'ils vous tirent d'une déprime débutante quand ce n'est pas l'envie de suicide qu'ils viennent, les héros, de vous ôter. Ils vous ont sauvé, se barrent donc sans cotiser, comme invités chez vous. Les pires vous assurent de leur sympathie en vous tapotant l'épaule et vous filent rancard la semaine prochaine, même lieu, même heure.

Au trou les malotrus !

Je disais donc, le magazine. Enfin, tout truc qui vous permet d'éviter le postulant à vos ennuis. Idéal en effet pour plonger presto le nez dans les colonnes, l'air préoccupé, ou simplement occupé à s'instruire. Une fois sur deux ça marche, l'importun passe son chemin.

Et justement, en parlant de Deux rives, je dois dire que j'aimais mieux son prédécesseur, au nom plus sincère de « Guet-apens », plus ringard, plus bistrot. (PA)

Avant le « Gainsbar' », faites une halte près de la statue de Jules Ferry, né ici avant d'aller civiliser quelques terres exotiques, dont la Tunisie et la Certitude que sans le sou ou la soutane on ne s'instruisait pas.

« Le Globe », sa terrasse-cinéma et son spectacle garanti. Il a aussi une salle en cas de rare sale temps, où Azouz Begag, écrivain et ancien Ministre, alors président du Festival International de Géographie, en 2007, y fit une halte à la demande générale. (PA)

Elle est là, plantée au cœur de ce qu'on appelait avant « la cité administrative ».

Après le « Gains' », repérez le pont d'Arlon, ville wallonne jumelée avec Saint-Dié-des-Vosges. Là, sur votre gauche, l'Espace François-Mitterrand et sa roseraie avec, de l'autre côté, la fresque de Jean Bazaine, « L'envol ».

Et juste derrière, la Tour de la Liberté. A ne pas manquer. D'abord, vous pouvez, vous devez, monter tout en haut, admirer la ville, la dominer, mieux la comprendre, viser notamment – c'est sous vos yeux, en premier plan – cette rue Thiers, typique d'une architecture de la reconstruction, dont les portes d'accès aux appartements portent des grilles toutes différentes. Le Corbusier imaginait autrement le Saint-Dié-des-Vosges d'après-guerre. Il bâtit son usine après que ce projet de reconstruction globale de la Ville eut été retoqué par les élus (ceci d'ailleurs malgré la lettre de Léon Blum invitant ses camarades socialistes déodatiens – qui n'étaient pas les seuls ni unanimement anti Le Corbusier – à davantage de bienfaisance et tout au moins de bienséance à l'égard du Corbu). Ce plan, bradé à la théorie et à l'histoire, est aujourd'hui exposé au musée Pierre-Noël et étudié dans de nombreuses écoles d'architecture. Saint-Dié-des-Vosges, plus qu'une ville, est une sorte de grande toile sur laquelle d'immenses inventeurs et penseurs ont peint leurs idées et formulé leurs talents. La Tour de la Liberté est de cette veine. Conçue par les architectes Nicolas Normier et Jean-Marie Hennin, son érection se fit d'abord au Jardin des Tuileries, à Paris, pour le bicentenaire de la Révolution Française. Elle fut ensuite reconstruite dans le parc Jean-Mansuy. Plusieurs « mobiliers urbains » (le kiosque abritant l'Office de Tourisme, le Pont de l'Egalité ou encore des candélabres et arrêts de bus), ont une structure inspirée de la maçonnerie de la Tour. Laquelle d'ailleurs n'est pas tombée dans le parc sous les hourras de la foule. « Il est dingue » gémissait la majorité, en 1990, à propos du maire, Christian Pierret, bien décidé, par amour pour sa ville, par envie féroce de la notoriéter, sans doute aussi par provocation, à ériger ce « tas de ferraille » sous les yeux de nos pov' gosses qui allaient en faire des cauchemars à leur tripler la dose d'acné. Même salve à l'encontre du tout neuf premier Magistrat lorsqu'il créa le Festival International de Géographie (6) qui, aujourd'hui, outre qu'il est assez unique – imaginez 50.000 péquins venir quatre jours par an fouiner dans les affaires du monde – est le plus efficace des produits de promotion de notre ville. De notre ville et de notre « bassin d'emploi », comme on dit dans les guides touristiques des sous-préfectures. La Tour

A la demande générale également, je mis fin à mes jours d'étudiant en Histoire. Je ne sais donc pas trop si Jules Ferry fut un aficionado du troquet, toujours est-il qu'il est ici incontournable. Sa statue, où démarre notre parcours près du Gainsbar', est régulièrement visitée, photographiée, peinte, chahutée, grimpée (plus facile par la face sud, la République fait marchepied).

Bien des candélabres et arrêts de bus, parsemés en ville, nous renvoient à l'architecture de la Tour de la Liberté. Ici à Kellermann, pendant les travaux de destruction du bâtiment Lorraine (PA).

de la Liberté, elle aussi, est bien mieux que ce qu'on craignait sous les quolibets il y a vingt ans, bien plus qu'un musée, un belvédère et un lieu de pince-fesses chic, elle est l'emblème d'une ville. Notre cocarde.

Voilà, si vous avez traîné avec Bazaine, Braque et Corbu, la balade vous coûtera un peu plus de deux heures. Si vous êtes pressé, vous aurez donc déjà avalé la rue d'Hellieule, 2e à droite après le pont d'Arlon, et serez passé devant le CIRTES, un centre de recherche exceptionnel, unique lui aussi, qui travaille tout autant pour de très grandes entreprises mondiales que pour une multitude de PME du bassin d'emploi du sous-préfet. Dans cette rue d'Hellieule, faites un tout petit détour vers le 17. Une bâtisse « Art nouveau » est à voir. Vous êtes en effet au cœur du Faubourg Saint-Martin, partie de la ville non détruite en 1944. Il y en a aussi à voir rue Gambetta et rue d'Alsace, mais à continuer comme ça avec vos détours, on va finir par siroter sous la lune. Sur le bon chemin de ce parcours 2, prenez la rue de la Bolle. Elle n'y paraît pas mais elle est pleine de sollicitudes pour le randonneur en goquête de souvenirs inoubliables (mieux que les lune de Maubeuge et soleil de Langres). D'abord, de la belle bâtisse bourgeoise, vous allez en revoir dans cette rue de la Bolle. Et puis, c'est la rue du siège de l'UMP (je ne dis pas ça pour vous gâcher les estivales mais il y a des gens, même en calbute, qui pensent à travailler plus pour gagner plus). C'est aussi la rue du « Bon Accueil », bar que j'affectionne bien car il avait, du temps que les moins de vingt ans ne peuvent pas connaître où je collais des affiches, la réputation, avérée, d'être le plus matinal, premier à nous ouvrir les bras et faire lever les coudes. Je démarrais au Blanc, Edel, classique, pas cher, goûteux, léger, parfait, au lever, tandis que mon pote se briquait la gencive au galopin. Un peu plus loin, au bout de la rue de la Bolle, l'entrée de ce qui fut un fleuron de l'industrie textile à Saint-Dié-des-Vosges (15) avec sa complètement désossée cabane du concierge. Passons. Le pont. Celui qui enjambe la voie ferrée où roule le TGV – oui, nous sommes à 2h20 de Paris – puis prenez à gauche. Voici la rue du Petit Saint-Dié. Sur le début, où il faudra veiller à ne pas vous faire aspirer par une calèche, car pas de trottoir,

Comme un air de western, depuis la rue du Petit Saint-Dié

vous longez la voie ferrée, apercevez au loin la carcasse d'un extracteur d'une feue menuiserie industrielle, celle-ci donnant à la ville l'air d'un décor de western. Égarez-vous en montagne. Tout de suite à droite, par le chemin de la Côte Saint-Martin. De là, vous pouvez entamer le tour du Kemberg complet (que je fais, sans pousser, en 2h35, c'est-à-dire plus que pour rallier Paname en wagon) mais dans mon programme du jour, je vous invite à suivre les croix jaunes, pour se rendre à la roche Saint-Martin (aux roches Saint-Martin plus exactement). Sous les roches, des ruches, près de la maison forestière, il y a aussi. Cinq ou six. Vous verrez. Tout est paradisiaque, l'odeur, l'air, le bruit, même celui de vos godasses que je vous conseille un petit peu professionnelles, pas les brodequins d'armée mais tout de même. Vous arrivez à la fontaine de la Pépinière. Pour rejoindre la roche, le sentier des Ducs, plus court, plus ardu, est aussi plus agréable (ceci n'est qu'affaire de goût, je vous affirme que vous ne risquez aucun détroussage sur l'autre chemin). Il est tapissé de racines qui se sont libérées du sol sous l'effet de vos galoches, bien que toujours attachées à leurs rejetons, magnifiques gaillards. Il y a du feuillu, du touffu, de l'aiguilleux, du résineux, mélange qui ajoute le délice au prestige du lieu.

Il faut évidemment s'arrêter à la Roche Saint-Martin. C'est un des hauts lieux de la ville, rendez-vous des amoureux, carrefour de nombreuses balades et point de vue exceptionnel. Exceptionnel par la largeur du champ de vision. Il y en a d'autres autour de la ville mais aucun n'offre ce panorama complet. Juste en contrebas de la roche Saint-Martin, si le devoir vous appelle, une descente rapide est possible, c'est d'ailleurs écrit sur la pancarte : « Saint-Dié direct ». On ne peut pas être plus clair et les croix jaunes, encore, vous guident. Vous pouvez aussi aller voir ailleurs, flâner ou courir sur un chemin menant au Sentier des amoureux, lui aussi recouvert de racines rebelles dont je signale, afin de ne pas encombrer les Urgences et les Pompes, la dangerosité s'il a plu. Quoi qu'il en soit de votre choix, tous les chemins mènent à la rue du Petit

Tout ici est paradisiaque, l'odeur, l'air, le bruit, même celui de vos godasses

Saint-Dié, présentement par la rue Louis-Burlin.

La rue du Petit Saint-Dié, précisément une petite rue adjacente, a sa chapelle, dite « du Petit Saint-Dié », comme quoi le bon sens de nos ondoyeurs de rues l'emporte souvent sur l'imagination. Cette chapelle est posée là où Saint-Déodat, moine irlandais fondateur de notre ville, établit son oratoire. Ca date. C'est vers 1351 avant Benoit 16. C'est aussi tout près de là que deux fontaines d'eau ferrugineuse ravissaient les Gallo-romains. L'eau est une ressource cotée de cette ville. Un projet d'embouteillage est d'ailleurs en cours et des analyses sur les sources de la Chartreuse, coulant sur ce même massif du Kemberg, confirment leur très belle qualité. L'usine d'embouteillage devrait prendre place sur le site de l'ancienne fonderie Burlin. Que bientôt vous côtoierez en descendant la rue du Petit Saint-Dié. Que vous n'achèverez pas. A mi-rue, muri par le soleil vous serez, et enjamberez à nouveau les rames du tortillard. Une vieille enseigne Gondrand vous accueille, avant que vous entamiez la petite descente vers la rue de la Meurthe. A droite, reprenez la fin de la rue d'Hellieule. Aux feux, encore à droite, vous ne pouvez pas louper l'église Saint-Martin et, si vous passez le bénitier, sa mosaïque art-déco en hommage aux soldats de la Première Guerre mondiale. De la place Saint-Martin (ce mec est partout !), si « Le Rallye », un des cinq PMU de la ville, ne vous a pas happé, prenez la direction du centre-ville, passez le pont de la République (à ne pas confondre avec le pont Pompidou, qui se prononce en chantant, un peu plus haut sur la Meurthe), virage à droite, vous êtes devant l'Office du Tourisme. Ralliez la place du marché, nous voilà au « Saint-Vincent ».

Clément Georges tient la barre du London.

Et vous êtes largement en droit de réclamer votre dû. En hommage aux Gallo-romains, démarrez par une fraîcheur en eau, recommandée tant pour la santé que pour aiguiser le goût et priser la suite des admissions. Non pas que le « Saint-Vincent » liquide de grands crus, son attrait est ailleurs. Il est dans son statut, comme celui qui le regarde, depuis l'autre rive de la place, le « Bar du marché ». Comme celui aussi qui les sépare, the «London Tavern », dont il faut noter la petite marche après le comptoir, invisible et casse-gueule, et, surtout, surtout, l'arrière-terrasse en arrière-cour, très plaisante et discrète. Statut d'un bar de marché forcément merveilleux, où le fournisseur croise et recroise son fourni, en pains, fromages, haricots verts et toiles cirées, et le fournit maintenant en baga-

Au Saint-Vincent.

telles et balançoires. Gratos.

Parlant de bagatelles, j'ai croisé dans mon périple un excellent receleur, un des meilleurs, de ces choses qui salent et poivrent les comptoirs. Je me suis attardé avec lui, à la terrasse de l'accueillant « Bar du marché », tenu par le Manu (vous le reconnaîtrez, il a comme un air de Zidane). Je vous présente Jeannot, une figure, « une gueule » comme disent les critériums de cinéma, qui me gratifie d'entrée d'une maxime à lui, « un village sans bistrot, c'est un village qui meurt », puis me conte quelques-uns de ses souvenirs, celui-ci, tenez, avec Miss France, qu'il a reçue sur ses genoux. C'était en 1969.

Face au « Saint-Vincent », le « Bar du marché », et son patron, Manu, avec le Jeannot, intarissable en bonne humeur.

INCARTADE À SAULCY-SUR-MEURTHE, TAINTRUX, CORCIEUX ET GRANGES-SUR-VOLOGNE

Si vous êtes en mode pédestre, échappez-vous alors de la Roche Saint-Martin, dans le massif du Kemberg, suivez le GR533 jusqu'à la Croix Saint-Georges, au sommet du col de l'Anozel, sur la commune de Saulcy-sur-Meurthe. Là, vaste croisement. A gauche, descente vers le cœur du village où vous ne manquerez pas de vous incliner, juste après le passage à niveau, devant le vestige d'un ancien estaminet, le « Café de l'arrivée », on imagine un petit buffet de la gare, la porte murée, l'enseigne rouge, toujours, et, devant, une bite de chantier posée, qui sait, par un de ces êtres obligeants bien décidé à croire que l'abattage du mur est pour bientôt. Un peu plus loin, en direction de Sainte-Marguerite, un typique café de village-banlieue où l'on trouve tout, comestibles en tous genres, et, de l'autre côté de la porte, le chien de la maison, poilu, barbu et adorable, et le bar, déplié derrière une vaste baie luminant l'ensemble comme il faut.

Revenons à la Croix Saint-Georges. La deuxième option est d'aller tout droit, toujours sur le GR, et y rejoindre par la forêt, c'est indiqué à un moment sur votre droite, la Ferme-auberge de la Chariolle, à la façade soignée, vous livrant illico l'appétit d'une pause. Cette auberge est gagnable depuis la route, c'est-à-dire qu'à la Croix Saint-Georges, vous allez tromper le GR533 et courtiser la D58, vers Taintrux. A Taintrux, prenez la direction de Corcieux, passez par Vanémont. Corcieux, un des lieux de la région les plus fréquentés l'été, notamment pour son Domaine des Bans, son « Café du centre » aussi, car au centre et animé et accueillant il est. On y reste aisément pour passer le temps, en terrasse, avec vue sur l'église et, en cas de chance, sur quelques éléments de la maréchaussée pointant fréquemment sur le rond-point et distribuant des coupons. Pas pour le bal musette. Quittez Corcieux. Au col des Arrentès, que vous devez franchir pour rejoindre Granges-sur-Vologne, belle auberge, faisant bar aussi. Il y en a une autre, découvre-je, dans le village, agréablement commentée par les internautes (cela dit, je ne vous apprends pas que certains commentaires des sites internet sont rédigés par le restaurateur il-même ou elle-même ou un vague commis, la tantine ou le padré). En allant à Granges, arrêtez-vous à Barbey-Seroux, avec cette particularité géologique qu'est son Champ de roches, un amas de grosses pierres, sur plus de 15.000 mètres carré et dont l'origine est encore relativement mystérieuse, « l'action des glaciers est l'hypothèse la plus partagée. Pourtant l'origine du champ suscite des interrogations car les pierres ne présentent pas de traces de frottements » (17). Vous pouvez avaler un peu de forêt encore et trompeter vers « Les Tronces », bar à motards à la déco surprenante m'a t-on dit, je n'ai pas contrôlé personnellement (fermé quand je suis revenu de ma virée sur les roches) mais je n'ai aucune raison de douter de la parole de mon co-pilier d'un soir au « Thiers » m'affirmant cette chose.

L'action des glaciers, notre ami Pascal Verdu connaît. Le patron du « Café des ouvriers », situé dans une petite rue de Granges-sur-Vologne, au dix de la rue Clémenceau si vous voulez tout savoir, des glaciers, il en a coltiné dans le pastaga. 57 ans que cet homme tient le pic et la barre. Depuis 1954, donc, d'un temps où le village comptait près de 60 bistrots. Il en demeure trois. Dont le sien qui, sans faire offense à ses deux confrères, est de mon périple en Déodatie bistrotière l'un des plus fringants. A visiter bien sûr, à consommer sans modération. Installez-vous, là, au fond, laissez-vous porter par l'atmosphère atmosphère est-ce que j'ai une gueule d'atmosphère. Authentique, avec son zinc discret, son grand néon au plafond, ses chalands, ses patients, abonnés à la devise ou à la chronique, à la belote ou au tarot, son thermomètre « L'Ambassadeur », à l'heure, ses vieilles pancartes publicitaires, sa porte des toilettes, d'époque, taillée dans la masse, laquelle pissotière – ceci est un conseil pratique – est périlleuse pour les grands escogriffes et/ou les petitement manchés devant avancer très près de la cuvette pour ne pas décorer la moquette au risque de se ramasser le fronton contre le plafond incliné laissant de l'autre côté place à un escalier (18). Ce bar a plus de cent ans, la maison voisine en a 219. Il y a quelques années, Pascal a vu se pointer, sans pouvoir la retenir, l'ancienne tenancière, tout au moins a-t-elle affirmé ça dans l'entrebâillement de la porte : « j'ai tenu ce bar avant 1914 ». Après, il y eut les guerres, les crises, toutes sortes de complots contre la vie des gens bien, qui aiment se voir là, bonnement prendre le temps.

le Patron des Ouvrier
est à la barre depui
1954.

SAINT-ROCH
LA VIGNE HENRY
L'ORME
HELLIEULE
ZAC
MADELEINE
1
6
11
14
2
Chapelle Saint-Roch
Atelier de menuiserie
Bibliothèque de La Fontaine
Groupe scolaire J. Prévert
Centre social
Relais parois-sial
Place Jean XXIII
Groupe scolaire Baldensperger
C.O.S.E.C.
Lycée d'Enseignement Professionnel Georges Beaumont
C.E.S. Vautrin Lud
Carrière hippique
Stade des Tuileries
Maison Saint-Pierre Fourier
Institution Sainte-Marie
M.J.C. Louise Michel
Maison Saint-Joseph
Cimetière
Ferme de la Goulle
Ferme de Clisson-Goutte
Ferme du Paradis
Rue Claude Bassot
Rue Jean Jaurès
Rue des Ortimont
Rue Baldensperger
Rue Mgr Foucault
Rue René Fonck
Rue Rimbaud
Rue du Général Tanant
Rue de l'Orme
Rue de la Tuilerie
Rue Arthur
Rue de la Crénée
Impasse de la Crénée
Rue de la Croix de Mission
Rue Beethoven
Rue Mozart
Impasse de l'Orme
Rue Ferdinand Brunot
Chemin de la Côte Calot
Rue François Rovel
Rue Marc
Avenue de Verdun
Avenue de Robache
Route Départementale
Avenue André Colin
Avenue de la Fontenelle
Rue Pierre de Blaru
Chemin du Château
Rue Descelles
Rue Jean Bonnaire
R.P. Maurice Ehlinger
Rue Albert Blondin
Rue Hubert Houel
Rue Claude Debussy
Rue Nicolas Guye
Rue de la Vigne Henry
Rue Jean-François Mangeonjean
Chemin du Dessus du Paradis
Chemin du Paradis
Rue René Koehler
Rond-point Félix Mendelssohn-Barthold
Rue de la Basse des Juifs
Rue de la Corvée
Rue des Fées
Rue Henri Thomas
Rue Mère Teresa
Rue Jacques Brenner
Quai du Torrent
Rue Saint-Charles
Rue Thiers
Rue Pierre Evrat
Rue d'Amérique
Rue Jacques Delille
Rue des Trois Villes
Rue de l'Université
Pont La Fayette
Rue Stanislas
Rue Thurin
Lycée Beau Jardin
Parc de l'Évêché
Cathédrale
Médiathèque V. Hugo
Synagogue
La POSTE
Place de l'Europe
Maison de la Solidarité R. Bernard
Groupe scolaire Gaston Colnat
ECOGE
Caserne des Pompiers
I.U.T. 1
Agence Nationale des Fréquences
Rue Alphonse Matter
Rond-point Albert Camus
Rond-point Abbé Grégoire
Avenue de l'Égalité
Rue Antoine de Saint-Exupéry
C.T.A.C.C.
Médecine du Travail
Hôtel Campanile
Rond-point Claude Ptolémée
Rond-point Marcel Mauss
Rue Émile Durckheim
Rue du Colonel Jacques Pierre
Rue Marie Marvingt
Rue Charles et Joséphine
Rue Jean Parvé
Rue C. et J. Divoux
Chemin de la Voie Romaine
Passerelle des Nations Unies
La Meurthe
Le Robache
R.P. Jules Verne
Square Lafayette
Lycée technique
J. Augustin
Groupe scolaire
GRETA
R.D. n° 82
Internat
Chemin du Bas des Courts
Rue d'Ortimont

PARCOURS 3 /

« DAU-PHIN »

1h25

Quatre-cinq fois ne sont pas coutume, le présent parcours porte le nom de l'assommoir qui ferme la marche. Nous allons y venir, en épilogue, à ce Dauphin de la rue Dauphine. Pour l'heure, vos galoches sont fraîchement lacées, vous entamez la souffrance, petite, promis, par la rue d'Amérique. Cette voirie débute place de la cathédrale. Possibilité d'ingurgiter le noir sur une rampe de lancement baptisée « K-Kiss Bar », à la minuscule terrasse. Chouette intérieur, d'acabit irlandais, hommage j'imagine au moine père de la ville. Mais cette répétition du K est plus énigmatique. Sans doute une histoire de « pas de jaloux » entre brasseurs, un coup de lape pour Kanter, une lichette pour le Kro. Ou alors double baiser, un pour la faim, un pour le fun. Goûtez un peu plus loin la joliesse d'un jardin andalou, construit pour la 20e édition du Festival International de Géographie, saluant ainsi le pays invité d'honneur, alors l'Espagne. Après la Maison de la solidarité Robert-Bernard (« ancien orphelinat dont le fronton de la chapelle est percé d'une grande croix en dalle de verre » (5). A ce propos, notez-le, Saint-Dié-des-Vosges est parfumée de vitraux, dans tous les coins, ceci lui valant le titre de « terre d'élection du vitrail »), bifurquez à droite, rue Jacques-Delille, pour avoir en vue « Le Sulki » (en référence, je pense, à un sultan rikiki), que beaucoup appellent encore de son nom de jeune bar, « Le Montcalm ». Vous êtes dans la rue Pierre-Evrat, pas méga transcendante mais tout de même : le mignon square du bout, du nom d'Albert-Camus (9), la petite forêt (relevez la visière) qui abrite les maisons et dont les arbres ont poussé, prodige de la nature, sur de la quasi pierre, et puis le rappel historique qui anecdote que cette rue est une jadis principale entrée de ville. Au rond-point, cliquez à droite, l'avenue de Verdun vous embrasse, prenez-là, avec tout de suite sur votre gauche l'une des dernières témoins du riche passé industriel de la ville. C'est à cet endroit aussi

Une des trois dernières cheminées industrielles de la ville, avenue de Verdun, depuis la Promenade des Villes jumelées.

que siège la fédération Léo-Lagrange. La bâtisse n'a aucun intérêt particulier, je ne m'y attarde que pour signaler que le ministre le plus célèbre, après Léon, du Front Populaire, celui qui organisa les premiers départs des « salopards » (8), eut pour épouse Madeleine, née Weiller, une Déodatienne. Un gymnase porte leurs noms, Madeleine et Léo-Lagrange. C'est dit.

Poursuivez et profitez de cette rue de Verdun assez maussade pour vous taper un cent-mètres. Quand ça commencera à dégoutteler sous la gapette, laissez le chemin sur votre gauche, lequel conduit à la promenade des Villes jumelées (nous y reviendrons plus tard). Faites, en prenant à droite rue d'Ortimont, irruption dans le quartier de Saint-Roch, juste là où s'élancent deux beaux gros immeubles bois souvent visités par des professionnels du bâtiment car exceptionnels en termes de conso-production d'énergies.

Qui l'eut cru, que ce quartier, un jour, figurerait dans un guide touristique, ce Saint-Roch fait d'immeubles collectifs, « quartier d'habitat social », comme dit le dico des pros de la Politique de la Ville, ou « quartier difficile », dans le charabia des éduc-spé, les échotiers s'en tenant au « quartier chaud », plus vendeur. Chaud parce que bien exposé, voilà tout. Saint-Roch est géographiquement un des privilégiés de Saint-Dié-des-Vosges. Autre atout : de long en large, il coquète avec la forêt. Et pour botteler sa grève à son arrière-pays, dix minutes suffisent. Ainsi, la rue d'Ortimont remontée, vous aurez ensuite pris la rue Ohl des Marais (et non hall des marais, bien que poétique) car Albert Ohl des Marais, puis son impasse, sur la gauche. Au bout, entre deux HLM, un chemin s'ouvre – oui, c'est une presqu'impasse – grimpez-le, il supervise une alignée de jardins ouvriers. Vous entrez en forêt de Saint-Roch. Au croisement en fer à cheval (vous ne pouvez pas le louper, on dirait un fer à cheval) s'offrent à vous une vue exceptionnelle sur la ligne bleue des Vosges, puis deux opportunités : une première à droite, celle de redescendre vers la chapelle, en la contournant car elle ne se visite pas, ou sur demande à l'Office de Tourisme ; une seconde à gauche, celle de forêster encore un peu.

Juste avant d'entame[r] la forêt de Saint-Roch une promenade nostalgique entre jardins ouvriers.

Poursuivons. A l'aide d'un anneau vert qui nous guide sur un sentier très agréable, pente douce puis plat ombragé, hier terrain des fameux parcours « Vita-Vittel ». Puisque de la capitale du Plat Vosgien il est question, notez que la chapelle Saint-Roch, «édifiée avec une ferme pour accueillir les pestiférés de la ville, vers 1500 par le chanoine Vautrin Lud » (5) – Vautrin étant un des grands mamamouchis de la Déodacity – est riche d'un retable du peintre Claude Bassot, né à, je vous le donne en mille, Vittel.

Cette assemblée d'arbres saint-rochoise est assez merveilleuse. Je ne peux que vous conseiller de vous évader des balisages pour trouver quelques coins de verdure d'une terrible douceur. Mieux que des terrains, ce sont des invitations à en découdre avec le flan des habitudes, déguerpir du gnangnan des petites manies. Vous pique-niquerez là, piquerez un somme, niquerez aussi si ça vous dit. Vous ne serez pas dérangé. Si, peut-être, par le râle de quelques moucherons mal lunés. Et si, par un si malheureux concours de circonstance, vous êtes un militant du CEMOU, Cercle des Moucheronophiles Ukrainiens, alors ne vous cherchez pas d'ennuis avec la hiérarchie et prenez illico vos jambes à vos cous et au sérieux les conseils des baliseurs. Les anneaux verts, donc, vous emmèneront jusqu'à une autre vilaine fontaine (sorte de bidon découpé en deux, on dirait l'autre partie de la « Folie Thomas » – voir parcours 1). Là, un rectangle de parking borde un réservoir d'eau. A droite, sentier étroit pour un retour direct vers la civilisation.

Tout droit, retour aussi chez les policés, mais avec du zigzag au programme. A gauche, montée vers une aire de pique-nique officielle, avec table, banc, barbecue, en état si le clan des paltoquets n'a pas fait là bombance. Vous avez opté pour la redescente, bravo. Vous arrivez donc au-dessus de l'Orme, rue de l'Orme, autre quartier de la ville démarrant vaguement après le Café de Saint-Roch, aux devanture et terrasse avenantes mais, diable, bouclées. Le bar est clos. Une demi-feuille à carreaux, du *Clairefontaine* je suppute, clouée délicatement à hauteur de binocles, l'indique au passant désolé. Vengez-vous, assoiffez votre désolation en poursuivant la rue de l'Orme car sur votre gauche, telle une aubaine, une *Abeille*, épicerie de quartier faisant aussi PMU-tabac-bar, vient vous butiner l'aumônière.

Ca rumine sur les contreforts de l'ex parcours « Vita-Vittel »

Fin de rue de l'Orme, vous voilà près d'un terrain de foot et une « Croix de mission », avec sa rue de la Croix de mission toute proche et son banc, d'un même marbre gris et frais, idéal en été pour se frigérer le fessier. Prenez à gauche, rue Rovel. N'avalez pas

tout. Coupez à mi-parcours, à droite, par le chemin de la côte Calot. Entrez dans le cimetière rive droite. Ce n'est pas Lachaise mais un beau banc de défunts. L'écart vaut le dédale. D'abord, tout en bas, il y a Jules et son Eugénie, mis ici en terre. Jules Ferry, grand bonhomme de la IIIe République, grand cumulard, député de Saint-Dié, conseiller général du Thillot, maire de Paris, président du Conseil Général des Vosges, Président du Conseil tout court (on dirait aujourd'hui Premier Ministre), de peu président de la République, est surtout buriné dans les mémoires pour avoir fondé les lois instituant la gratuité, l'obligation et la laïcité de l'école primaire. A voir également dans ce cimetière quelques remarquables monuments funéraires, dont une chapelle à charpente métallique, « exemple rare de l'application de la métallurgie à l'art funéraire » (5), ou cette autre, dans le même secteur, que les bois ont fini par posséder. Ici, le bois possède bien plus que tout. Il est à l'entour, au sein, à travers, à tort, à raison, en branche, en biseau, en langue, d'un bois qui chauffe, nourriture de l'âtre, ou froidit, le flâneur ombragé. Il n'a pour seuls rivaux sérieux que le grès et l'eau (d'où les trois couleurs

Prisonnière des bois, au cimetière de la rive droite, en second plan. Au premier plan une exceptionnelle chapelle « exemple rare de l'application de la métallurgie à l'art funéraire ». Au fond, la tombe du Père de l'Ecole publique, Jules Ferry.

du logo de la Ville, le rose du grès, le bleu de l'eau, le vert des forêts).

Débarqué du champ des morts, vous tombez sur un rond-point, qu'on nomme encore souvent « Rond-point du Bouchon », de l'ancien patronyme du bar qui éclaire ce carrefour. Là, le guide officiel vous prendra par la main pour vous conduire sur la place du grand Charles ou, beaucoup plus à gauche, vers « l'usine verte » de Le Corbusier, invisitable d'ailleurs. Ne vous laissez pas faire, stoppez net au « Carré », une brasserie où Lulu s'attable seul à l'heure où je passe. Donc, lâchez la pogne du pasteur et prenez la rue cachée. Elle a des allures d'arrière-salle. Pour la petite histoire, dont on sait bien qu'elle fait la grande, sachez que cette rue cachée fut longtemps l'hôte – ça ne s'invente pas ! - des Renseignements Généraux dont les deux inspecteurs en poste ici étaient en coloc sur un pied-à-terre juste audessus du « Carré ». Passez la Sécu. Non, pas en revue (je ne vous veux aucun mal), simplement devant. Vous arrivez rue d'Amérique, près du K-Kiss Bar. Ce quartier, ne lui en voulez pas, subit une contagion de K : K-Kiss, Sulki et sa pancarte Kanter, et puis, entre les deux, le Kuki2 et ses parasols Miko et, pas très loin, le bar des Trois Villes qui, comme par hasard, s'est gonflé l'état-civil d'un K en queue de snack. Je comprends donc pourkoi des kangourous voulurent ici kidnapper Kant.
En manque de K les marsupiaux.

Au Dauphin de la rue Dauphine, hommage peut-être à Jacques Dutronc, « je suis le dauphin de la place Dauphine et la place blanche a mauvaise mine... »

Prenez ensuite un bout de la rue Saint-Karl, pardon, de la rue Saint-Charles, puis, à droite, la rue de l'évêché qui donne sur la synagogue, juste derrière la grande Poste. Vous êtes près de la rue Dauphine, prêt pour la révision. Au Dauphin.
Avant de le gagner, juste au coin de la rue Dauphine et de la Petite rue Concorde, zieutez la plaque sur La Poste, elle indique le lieu de naissance de l'immense poète Yvan Goll, connu aussi pour son épouse, Claire, « romancière, poétesse, journaliste, ayant légué à la Ville les œuvres qui leur

Au lieu de traverser le cimetière, vous pouvez le longer, par le sentier de Saint-Roch. Cette porte-tags, initialement j'imagine porte d'entrée, de belle facture, est devenue par la grâce de quelques gratouilleurs panneau d'expression libertine.

Un quartier infesté de K : Kuki2 et ses parasols Miko, K-Kiss bar, Sulki et sa vue sur l'enseigne Kanter.

avaient été données par leurs amis : Léger, Delaunay, Chagall, Dali, Tanguy, Miro, Moore » (5). Ce bar-tabac « Le Dauphin », si vous êtes fumeur, ce qui est encore toléré, ne vous laissera pas de marbre. Et si vous ne l'êtes pas, ne vous laissera pas tomber.

Le Dauphin, repris il y a une dizaine d'années par le fils et le gendre, Rémy et David (à gauche de la photo), d'une grande famille déodatienne, les Bentz, bien connus pour la superbe qualité de leurs pains et pâtisseries (PA).

Vous y serez bien, par la grâce, entre autres, de l'élégant minois de la serveuse. « Le Dauphin » compte un fumoir, digne de ce nom, espace aménagé en fond de salle. Pas la vulgaire boîte où l'on entasse les sardines périmées. C'est aussi le seul établissement qui vous livre en schnouff autorisée le dimanche après-midi, d'où le défilé incessant sur les coups de 18 à 21h. Un spectacle. Pitoyable, maugréent les zélateurs de l'anti-tige, notre 6ème pouvoir, après l'exécutif, le législatif, le judiciaire, le médiatique et le féministe. Nous voilà bien seuls, les incommodeurs, désormais menacés y compris sur nos terres et terrasses par une horde de sécateurs. Si ça continue, faudra que ça cesse (16).

INCARTADE À RAON L'ETAPE, CELLES-SUR-PLAINE ET PIERRE-PERCÉE

C'est bien simple, vous prenez la rue Dauphine, croisez la rue Thiers, au bout prenez la direction de Nancy. Sur la quatre-voies, sortez à Moyenmoutier et au rond-point Pierre-Bérégovoy généralement bien achalandé en képis rejoignez Raon l'Etape par Saint-Blaise, par une Route de la Cheville sur laquelle, un kilo de mètres plus loin, vous serez frappé par cet édifice perdu en forêt, de trois étages haut, sobrement signalé aux passants d'un placard jaune fluorescent, « A vendre », ou « A louer », je ne sais plus. C'est le café-restaurant, délaissé là, « A Belle vue ». D'où l'on ne voit plus grand chose, les arbres ayant fait invasion selon la tactique dite de l'apathique, lentement, nonchalamment, au contraire d'une blitzkrieg. On y voit tout de même, collé au mur, un fauteuil d'intérieur, de la grande époque des Peltex, vert, pâle. Le lieu a gardé son charme. Peut-être y a-t-il même gagné en prestige, enchanté, ensorcelé. Poursuivez et atteignez Raon l'Etape par la rue Aristide-

A Pierre-Percée, à côté de Celles mais en Meurthe-et-Moselle, l'hyper séduisant coeur de village nanti de beaux bars et restaurants, faisant bon ménage à trois sur la même place : « Le chalet », vu ici depuis le château, lequel castel est visible sous le « Café du centre » maisonnant avec le restaurant « Le Grill ». En face, le « Gite du vieux pré ».

Briand avec sur la gauche, aux feux, une première fontaine, la ville en est abondamment farcie. Ca n'est pas là sa seule curiosité. Prenez notamment quelques heures, voire, ne soyez pas chiche, quelques nuits, pour visiter le Museumotel, exceptionnel motel créé par « Pascal Haüsermann, architecte utopiste et visionnaire, en 1967. Aujourd'hui il est un hôtel classé parmi les 1000 plus beaux d'Europe, avec une décoration puisée dans le patrimoine décoratif et stylistique des années 1950/1970 ! Lieu unique au monde. » (19).

Le matin, votre léthargie déclinant, la Raonne vous offre le choix en troquets pour un petit digne déjeuner. Pas très original sur le coup, je ne me suis arrêté qu'à « L'Union » qui semble dominer le cœur de la ville. Bien. Vitrine arrondie, si typique d'années d'avant-crise qu'on y verrait presque Joe Dassin s'échauffer derrière le flipper. Je l'ai vu.

Direction désormais Celles-sur-Plaine où j'avais souvenir d'un bistrot conforme à mon idéal bistrotier, lorsque j'étais venu couvrir les ennuis d'un industriel présentement consacrés, les mauvaises herbes ayant succédé aux mobylettes à l'entrée de l'usine. C'était, et c'est toujours, le « Café-snack des amis de la forêt », doté d'un vrai charme avec sa terrasse-ombrelle naturelle, garnie le jour de mon passage d'un essaim de touristes, d'autres s'étant groupés autour de ce qui fait la réputation de ce site, le lac de Pierre Percée, vaste, bordant un château du XIIe siècle dont on ne peut plus que clicher quelques ruines. Une virée là vous filera cer-

Le Café du Centre
à Pierre-Percée

tainement la pépie, de quoi aller visiter l'un des autres joyaux de la vallée, le « Café de Lorraine », plus au loin dans la commune, en direction du Donon, où comme vous ne l'ignorez pas la légende dit que Victor Hugo y fut conçu, ou y conçut lui-même, je ne sais plus, je m'y perds dans ces folklores. Bref, nous sommes à Celles-sur-Plaine, celle sur laquelle je croisais un chat, angora, engazonné de longs poils blancs, allongé sur une table du « Lorraine » dont la tenancière est d'une belle gentillesse, devant ses verres et sa petite pancarte ficelée à l'étagère sous les jus de fruits. J'y lis « Ici on accepte chasseurs, pêcheurs et tous autres menteurs ». Catégorisé dans la troisième colonne, je me sens d'emblée bien. Seul un coup de fil me débénit. J'y demeure quelques centaines de secondes, le temps d'astiquer ma tasse sur le zinc en formica, très long, pâtissant bientôt de quatre coudes supplémentaires, visiblement pas ceux de touristes. Des connaisseurs, abonnés qui sait. En face, mon regard est sonné par une vieille boulangerie-épicerie close, que le propriétaire a eu la belle courtoise de conserver presque en l'état. Même *Corvisart*, des biscottes, a toujours sa lumineuse accrochée près des vignes qui sont venues dire deux mots aux lettres rouges, découpées sur le haut de l'échoppe, inscrivant « boulanger épicier ». Il aurait pu, dû, ajouter « artiste ».

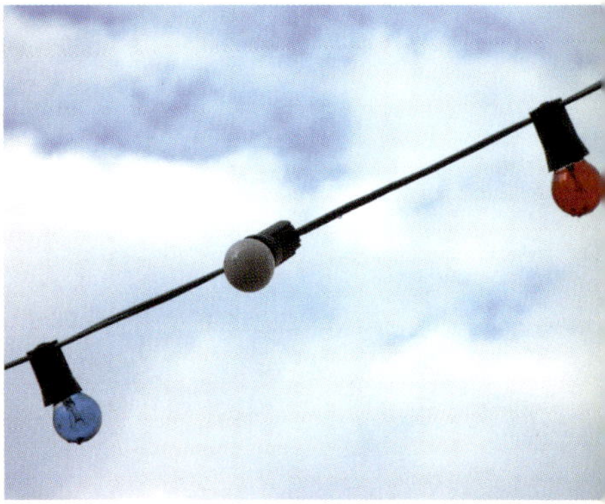

Si vous levez un verre à la terrasse de « L'Union », à Raon l'Etape, vous lèverez aussi les yeux au ciel et verrez l'idéal républicain enguirlandé. Photo Fred Hoen

A Celles-sur-Plaine

Ces poils font partie des meubles du « Café de Lorraine »

Pont Georges Pompidou
Quai Jeanne D'Arc
Quai Carnot
Quai Sadi
Rue de la Prairie
Place du 8 Mai 1945
Ménantille
CIRTES
InSIC
O.N.F.
Eglise Saint-Martin
Rue Bolle
Passerelle du Petit Saint-Dié
Square Ville de Friedrichshafen
Chemin de fer de Lunéville à Sélestat
Chemin de fer de Epinal à Strasbourg
Rue de la Gare
Gare SNCF
Place Yves Berger
Institution N.D. de la Providence
Place du 19 mars 1962
Espace Georges Sadoul
Trésor public
Passerelle de l'Epargne
A.F.P.A.
Salle des ventes
Maison du XXIème Siècle
C.E.P.A.G.R.A.P.
C.I.O.
Maison de l'Enfance F. Dolto
C.E.M.O.D.
Pont de Foucharupt
Rue Pasteur
R.D. n° 420
Rue d'Alsace
Rue des Quatre
Rond-point Léon Blum
Centre social Lucie Aubrac
Bibliothèque Lamartine
Avenue Léon Grandjean
Place Salvador Allende
Groupe scolaire Vincent Auriol
K.A.F.E.
Ecole maternelle Claire Goll
KELLERMANN
Petit Saint-Dié
Chapelle Saint-Déodat
Centre Technique Municipal
Groupe scolaire Darmois
Clémencet
Gymnase René Perrin
Gendarmerie
Rue Aristide Briand
Rue de Foucharupt
Square de la 103ème D.A.A.
Rue du 3ème Bataillon de Chasseurs à Pied
Rue Jacques Grüber
Impasse de l'Hermitage
Rue Hector Berlioz
Rue Richardville
Rue Léon Jacquerez
Hôpital de Foucharupt
Passerelle d'Algésiras
Rue des Travailleurs
Rue de la Paix
Pont Eugène Pasquet
R.D. n° 415
Route de Saulcy
Rue du Capitaine De Lassus Saint-Geniès
Avenue Marguerite
Jules Ferry
Avenue du Théâtre de Verdure
Maison de quartier de Foucharupt
Rue Jean Ruyr
Rue Jean de Moulins
Rue Beauséjour
Cimetière Rive gauche
Rue Albert Marc
Résidence du Haut d'Anould
Rue Laurent Pillard
Rue du Clos d'Anozel
Rue Gaston Save
Rue Jacques Augustin
Rue Foucharupt
Rue du Sergent Stokelein
Impasse du Kemberg
Rue des Réfugiés
Rue du Clos des Peupliers
Impasse du Clos des Peupliers
Rue de la Chipotte
Rue Max d'Olonne
Rue Auguste Pierrot
Impasse des Charmilles
Chemin des Charmilles
FOUCHARUPT
Promenade
VOIE DE CONTOURNEMENT
Petit Chemin de Prévancher
Rue Diderot
Rue Voltaire
Rue du Champ des Alouettes
Rue du Prévancher
Rue du 152ème R.I.
Rue des Lisières
Rue du Kemberg
Rue du Dessus de Foucharupt
Chemin des Trois Fa
13
17
3
7
4

PARCOURS 4/

« 1507 »

1h30

Au « 1507 », un des bars qu'on dira branchés de la ville, parce que gironde populace les vendredis et samedis soirs surtout, compote de « in » et de « off », Déodatiens en

olo et Aldan, de leurs vrais oms Aldo et Roland, ici avec larie, la serveuse du 1507

tous genres, musclés en marcel à dentelles, filles de tous âges, entrées en sortie, de tous pays, de toutes fripes, de toutes rides, unissez-vous. Dans ce lieu vaquent aussi à leurs besognes « Le Globe », bon bar, bon hôtel, « Quai 8 », sandwichant nouvellement près du monument aux morts, l'Office de Tourisme (et sur sa droite, quand on en sort, un sublimissime vendeur de cafés et thés), « Le Neuf », évidemment, incontournable, vital, l'un des derniers mohicans de la grande librairie indépendante française que je ne peux d'ailleurs, sous peine de brouille familiale, ne pas citer, « Les 2 rives», enfin, dont la terrasse est sans conteste la plus bellement exposée de la ville. On s'y fait toaster le cuir le temps d'une double peine de scotch.

Au « 1507 », où il faut signaler le sympathisme simple des garçons-patrons – et des filles qui les suppléent quand les deux larrons, Aldan et Rolo, font les comptes – je bus mon café ce dimanche matin. Impossible de garder la même page de *Vosges Matin* plus de deux-trois secondes. Un vent, à vous décorner une manade de cornards et son pâtre avec, me chatouillait le cheveu. Rolo me proposa sa seconde terrasse, à l'écart, abritée, où je découvrais peinard les avis de décès. Voilà un type bien. J'entreprenais ma marche rassuré, aucun de mon ascendance ou de ma potence (de *mes potes*) ne s'était fait alpaguer l'avant-veille par les PFG. Je partais le cœur léger.

Avant d'entamer le Pont de la République,

il faut dire deux mots sur le nom de ce « 1507 ». Ceux qui suivent auront compris que le titre de la cambuse rend hommage aux savants du « Gymnase Vosgien », groupe d'érudits rassemblés autour du chanoine Lud, et qui aurait pu tout de même, comme son condisciple Kir, se fendre d'un breuvage innovant. Vous imaginez « Jean-Phi » (un collègue du « Dauphin ») héler comme ça la serveuse : « Steuplait, Fanny, tu me remets un Lud ! ».

Bref, Vautrin Lud et son Gymnase baptisèrent ici en 1507 le Nouveau Monde, c'est-à-dire l'Amérique, en souvenir du navigateur Amerigo Vespucci à l'affiche, un peu plus loin dans ce parcours, sur une immense fresque, derrière de l'Espace Georges-Sadoul, servant aussi de terrasse au bar « L'Entracte ».

Pont de la République donc, avec d'abord ses quatre belles fontaines honorant l'ouvrage, celles du Foucharupt, de la Fave, du Taintroué et du Robache, soit des quatre ruisseaux qui se jettent dans la Meurthe à Saint-Dié-des-Vosges.
Un pont et son centre routier, ses deux côtes piétonnes, ma foi très pratiques et joliment aménagées, « bordées de bastingages, invitant au voyage, à suivre l'onde » (5) (10). Arrivée sur le rond-point. A gauche, deux autres « jardins de la géographie », en hommage aux Amériques et à la Russie. A droite, au ventriculum du puctum-circularum, une originalum et coquetum reconstitution d'un village russe, hommage, vous l'avez pigé, au pays invité d'honneur du 21e Festival International de Géographie.

Vous voici place Saint-Martin. Filez tout droit, rue Gambetta (un pote de Jules Ferry, aussi témoin de son mariage me semble-t-il). Deux arrêts sont indispensables. D'abord à « La Pitchouli », un peu sur votre gauche, au bas de la rue d'Alsace, un des bars les mieux rancardés de la ville en pinards (dont les photos sont dans le parcours 9 que ce bar boucle et titre). Diversité et qualité. A tel point que je dus y emmener un jour Gilles Pudlowski et ses guides (11) qui faisaient le point, pour *Le Point*, sur les bonnes tables et gargotes déodatiennes. « La Pitchouli » eut droit aux louanges du Pudlo. Justifiées. Mais il y a encore mieux dans le quartier (mis à part mon coiffeur, Renaud, qui fait aussi brocante, c'est juste à droite de la place Saint-Martin, en entamant la rue de la Bolle, ce merlan est plus que bien, a de la conversation), il y a donc, je disais, encore mieux dans ce quartier, la quincaillerie Dedenon-Beau. En bas de la rue Gambetta. Pas une quincail', un musée ! La plus vieille et belle enseigne de la ville.

Un truc à vous filer la nostalgie bon train. Vieux placards, vieux tiroirs, vieille vitrine, vieux pots, d'où qu'on fait la bonne soupe, même De Gaulle, si jeune et je crois même encore moustachu, trône toujours en arrière-boutique.

Montez quelques mètres. La gare est en vue. Avant, à gauche, au coin des rues Gambetta et de la gare, se posait un « Terminus » (aujourd'hui boutique d'informatique).

C'est là que Jacques Brel, en 1965, vint écluser ses dernières bières après son concert à l'Excelsior (aujourd'hui Espace Georges-Sadoul, quai Carnot). Face à lui, le Buffet de la gare (aujourd'hui fermé) où, en 1965, Bourvil également sifflait des bières avec mon pote feu Jean Finance.
Le premier, avec Ventura, tournait « Les grandes gueules », avec une scène en gare de Saint-Dié où Bourvil arrivait en Jeep, Ventura en cuir marron. Entre les prises, Bourvil lichait la mousse sur le bout du zinc en compagnie du figurant Finance, chef de gare adjoint au civil. Avant d'admirer la gare, ou d'y entrer pour prendre un ticket pour le tacot (car il y a encore, au jour où je vous cause, un vieux chariot nous reliant à la cité de l'imagerie dont les mauvais coucheurs, doués généralement de mauvaise langue, racontent qu'il patine sur les rails à l'hiver, dans la côte l'annexant bientôt à la garette de Vanémont-Corcieux), je vous accorde une pause entre le zig et le zag, lequel zigzag ne coûtera à vos coudes qu'une très

légère usure et une demi-dizaine de minutes sur le comptoir de « L'Actuel ». Chouette bar à la simplicité rassurante, propre, reniflant l'époque d'avant, pas si vieille, aux tables impeccablement alignées, sur une salle dotée d'un téléviseur en hauteur à vous coller le torticolis en un quart d'étape de montagne. Un cordon de plantes, vraies ou fausses je n'en sais rien, sépare la salle en deux. Mais le parisianisme de sa vitrine n'a rien du bobard, elle se replie en accordéon, sur toutes ses hauteur et largeur, pour faire de l'estaminet, comme à Paris, comme une grande terrasse couverte. Le capitaine du vaisseau y pose, en trottoir, en été, comme des bites d'amarrage, quelques tables et sièges en l'honneur des fumeurs et autres myopes matant l'horloge de la place Pierre-Sémard. C'est l'horloge de la gare, « de style baroque, digne d'une sous-préfecture prospère » (5).

Rue de la gare, stoppez d'abord au 7, « à l'arrière, la tour au toit en poivrière rappelle

e « Broadway », bar et scène à la fois,
t la magnifique et centenaire quincaillerie
Dedenon-Beau ».

Avant d'écluser des bières au « Terminus », qui fut aussi repaire des rugbymen, le grand Jacques avait tenu concert à l'Excelsior, aujourd'hui Espace Georges-Sadoul. Photo Pierre Vuidel

les châteaux médiévaux » (5).

Un peu plus loin, illuminant la croisée des rues de la gare et Pasteur, un bar se tenait là, « Le bercail » (aujourd'hui fermé mais l'enseigne y est) et surtout, bien avant lui, « l'Hôtel de l'est ». Ze authentique bar ! Faisant aussi, parce que jouxtant une boucherie chevaline, authentique restaurant. Pas du Tricatel, pas le merdier en barquette qu'on nous sert en nous chantant que la flemme est l'avenir de l'homme. Du frais, du vrai, sous une gargote, exquise mixture de routier, bar ouvrier et guinguette, à faire pisser de plaisirs le bobo en rade d'indubitable. A Paris, un déjeuner dans ce machin vous coûterait le dixième de votre appointement mensuel, tout ça pour vous paver l'oignon d'un « je ne mange pas n'importe où ni quoi, moi, Madame, et j'étaye le petit producteur de cambrousse », ce qui est bien méritoire je le dis. L'établissement fut longtemps tenu par Odette Clairboux-Folmard, qui cuisinait à ce qu'on dit à merveille, le « on » étant en l'occurrence un oncle, Daniel Cuny, aujourd'hui retraité de la librairie mais toujours tenancier du « Vieux Neuf », rue d'Alsace (juste derrière), une boutique de livres et autres anciens à renifler d'urgence.

Vous allez prendre ensuite la rue de Foucharupt, par le pont. Passez d'abord devant un petit feu fonds de commerce en philatélie (un truc tout petit sentant l'antan), puis sur votre gauche, devant la très très belle école Clémencet, la plus belle de la ville, à l'architecture de ce qu'on appelait les « écoles-palais », inspirée de l'art gothique, puis passer, vite, devant un gymnase, puis, très vite, devant la gendarmerie, laquelle, contrairement à ce qui se fait aujourd'hui en très carré-climatisé-moche, présente de l'intérêt architectural. Fin de garde à vue, passez au garde à vous, car vous voilà, à côté du terrain de pétanque, à la stèle rendant hommage à la 103e division américaine, « cette toute nouvelle formation fut engagée dans la bataille autour de Saint-Dié-des-Vosges où ses premiers éléments pénétrèrent le 22 novembre 1944 » (5). Prenez alors la rue

des Travailleurs. Voyez ces petites maisons alignées qui donnent à ce bout de ville des airs de corons. Au bout de la rue, outre la discothèque où il m'est arrivé d'abuser de la tireuse (je précise en vue d'éviter le persiflage d'un Vance en goguette qu'une tireuse est un instrument pour aller quérir le pive au fond du fût, pas la donzelle à bretelles affectée au crucheton), vous verrez la plaque indiquant « cercle culturel et philosophique Jules Ferry ». Là se réunissent les Francs-Maçons, dont Jules fut, dans un temple tapissé d'un remarquable vitrail de Jacques Gruber. Faites vous donc initier rien que pour ça.

Mais je ne comptais pas vous emmener si loin dans cette rue des Travailleurs – revenez donc sur vos pas, ça vous fera les pieds !- il fallait en fait tourner à droite, rue de la grotte, juste avant le « Café des travailleurs », s'étirant tout en long (caisse et cigarettes, puis journaux, puis comptoir, puis tables et chaises). La petite rue monte doucement. Juste avant d'entamer l'ascension vers le cimetière de la rive gauche, vous verrez, une grotte s'est dressée là, reproduction – les pieux sans locomotive parlent plutôt de succédané – de la grotte de Lourdes. Il s'y tient, dans la Déodatienne, une veillée de prières chaque soir de 15 août. Moins une reproduction qu'un à-peu-près de celle des Pyrénées où Bernadette fit ses classes. Il faudrait, pour s'en approcher encore, y crocheter quelques cales et béquillons, des comme j'ai vu quand j'y suis allé, à Lourdes, plusieurs fois, oui, Mââdame, car bien que Huguenot je ne renie pas le Saint-Patron de mon prénom, le bon curé d'Ars.

Pas n'importe quel merlan que ce Renaud Abel de la rue de la Bolle, il a de la conversation, brocante à l'occasion.

Bon, là, vous passez devant le cimetière, où gît entre autres l'ancien maire Robert Bernard que je cite de bon cœur tant il fut un ami et le reste. Redescendez la rue Jean-Ruyr, calme et simple avec au bout, mais ça ne se voit pas, à l'angle, la bâtisse abritant autrefois une épicerie *L'Abeille.* Sur votre gauche, remontez la rue Gaston-Save. Cette rue n'a rien d'extraordinaire sauf qu'elle recèle quelques belles fermes d'époque. Vous pouvez aller au bout, forcer jusqu'au lieu-dit des Trois Fauteuils, où démarre chaque 1er mai « Le Tour du Kemberg » (13 km environ), que vous pouvez aussi faire peinard les 364 autres jours de l'année, sans croiser tout ce que vous comptez de collègues et voisins, bref, seul, avec vos godasses, votre gourde, vos états d'âme et votre chien. Bien avant cela, rue Gaston-Save, vous allez prendre sur votre droite, rue du 152e RI, puis chemin du Prévancher, lesquels vous relient à l'autre côté de Foucharupt, par un tout petit bois doté, en entrée, d'un pré digne d'un pique-nique géant, avec vue sur la ville au loin, il vous faudra juste trouver la nappe à carreaux d'un bon mille mètres carré et des

A moitié de la rue des Travailleurs, découvrez, sur votre droite, la rue de la grotte, avec sa grotte et sa vierge, veillant sur les laborieux de la buvette du dessous.

boutanches aux tournures de citernes. Dans ce petit bois, un inconnu joue les guides impromptus du Club Vosgien (14), balisant ce morceau de multitude à son goût. Il y a posé un rond en papier, que le temps a fripé, indiquant l'appellation du lieu, « carrefour du soldat ». Plus bas, le mystérieux dégaine une salve contre les empêcheurs de marcher tranquilles en rond, affublant le rando-découvreur d'un commentaire, sous plastique, agrafé à un poteau qui ne l'est pas, en plastique, mais en bois, sur la façon de ne pas déranger faunus, florus et caeterus. A l'ultime tract, s'il est encore punaisé là, tournez à droite, reprenez, pour quelques mètres, la rue de Foucharupt, puis, à gauche, le chemin des charmilles, celui-ci vous conduisant à ce qui fut, je n'ai aucun doute là-dessus, le plus bel endroit de la ville, « l'Hôtel de la forêt ». Qui faisait aussi bar et restaurant de nuit à la belle époque (précisément de 1974 à 2008). L'établissement a rendu l'âme – oui, car d'âme il s'agit – il y a quelques années. J'étais alors journaliste. Et voilà ce que je couchai, à propos de ces héros de la nuit, sur quelques colonnes de *l'Est Républicain*, en juillet 2008 : *« Bien sûr, Saint-Dié a vu Le Corbusier se pencher sur son cas. Et puis elle a son Jules Ferry, son camp celtique, son festival mondial. Mais elle perdra beaucoup quand s'éteindront définitivement les lumières de l'Hôtel-restaurant de la forêt. Nelly et Claude, 71 et 69 ans, n'en sont pas tout à fait là, mais ça ne tardera plus. «Trente quatre ans sans jamais partir en vacances». Le chapitre déodatien du roman démarre en 1974, sur un coup de cœur, presque un coup de dé. Là, se tenait initialement la laiterie Saint-Martin, une maison chic et perchée, formant un duo de phares avec le chalet voisin des Ferry. Ils sont, en 1972, Parisiens. A Claude, Nelly présente Saint-Dié, où elle vécut dans les années 50. Ils s'arrêtent pour un verre chez Madame Lina, tenancière à l'époque. Lina, presque aveugle, veut vendre. L'idée d'acheter trotte illico dans la tête de Claude. Un titi parisien de la meilleure espèce dont l'accent, aujourd'hui encore, ne trahit rien de ses racines kabyles. Il est alors au service des essais de prototypes à la régie Renault, à Saint-Ouen. Le projet se concrétise. Il est un temps contrecarré par un Vittellois envisageant un bowling. C'est un coup du hasard - le Vittellois abandonne - qui donnera le coup de main décisif au destin. Nous sommes en*

1974. Ils achètent sous Pompidou et ouvrent sous Giscard. Entre février et mai, ils font des travaux. La tapisserie de la salle de restaurant, jaunie comme une Gentiane, est aujourd'hui la seule rescapée de ce temps que les moins de cinquante ans ne peuvent pas connaître.

Claude et Nelly vont, quasi immédiatement, se cantonner au bar et à la restauration de nuit : «A une époque, nous étions le seul bar de nuit à Saint-Dié. On ouvrait à 22 heures et on fermait à cinq». Et ils en ont vu défiler ! Des égarés de la nuit, des paumés du petit matin, des fatigués, des survoltés, des affamés, des assoiffés, des jeunes et moins jeunes, plus ou moins notables. C'était - et c'est toujours, mais seulement le week-end - un des hauts lieux de la nuit déodatienne, de celle que l'on entame ou que l'on achève, et où se croisent d'improbables relations. Un surprenant mélange, accueilli avec une invariable bonne humeur. En 1986, le restaurant était doublé, au sous-sol, d'une discothèque. Elle tambourinait encore récemment. C'est d'ailleurs la seule partie de l'établissement que Nelly et Claude concèderont à un éventuel et «sérieux» repreneur. Mais c'est au restaurant, dans cette salle au charme désuet, que l'Histoire pêchera ses plus belles histoires. Elle oubliera peut-être, hélas, la réputation des spaghettis à la bolognaise - car Madame est Italienne, d'une vieille famille «où

Héros de la nuit, sur les hauteurs de Saint-Dié, pendant plus de trente ans, Nelly et Claude posent devant cette belle union de dessus et dessous. L'Hotel de la forêt fut un des lieux prisés des égarés de la nuit. (PA)

Napoléon est allé manger». Aussi sûr que tous les chats sont ici gris, elle se souviendra de la tradition de la cravate séparatiste. Tout nouvel arrivant cravaté avait droit au coup de ciseau. L'un des deux morceaux - dont certains aux célèbres propriétaires - était épinglé au mur. Au-dessus du zinc. Comme des trophées. Les femmes se sont mises tardivement à la décoration des lieux, punaisant quelques dentelles intimes. D'hier à aujourd'hui, tant de choses ont changé. Les comportements, les interdits, l'épaisseur des portefeuilles aussi. «Ca n'a rien à voir avec maintenant» dit-elle. «Qu'est-ce que ça a changé» soupire-t-il. La nostalgie n'est plus ce qu'elle était. Mais chez Nelly et Claude, elle a encore du répondant. Et de la classe. »

De la classe. Oui. Sans compter celle de la terrasse qui devinait comme personne la ville et ses environs. A peu près la même vue que depuis le salon d'Edgard Pisani, parenté de Jules Ferry (il fut marié à la petite fille du frère de Jules) et ancien ministre de De Gaulle et Mitterrand, dont la maison se situe quelques mètres en dessous de celle de Nelly et Claude, avenue Eugénie et Jules Ferry. Dans cette avenue, plus allée que boulevard, on aperçoit sur la gauche la maison d'Edgard et dans son parc, plus bas, on imagine, car il a brûlé, le chalet de Jules et Eugénie. Je vous invite, avant cette avenue, à tourner à gauche, avenue du Théâtre de verdure, vous allez y voisiner les plus belles et riches demeures de la ville. Tape à l'œil classe et discret mais pas ce qu'il y a de plus séduisant. Le plus séduisant est ailleurs, plus bas, au 17 de l'avenue Marguerite, sur une bicoque envahie par les fleurs, les couleurs, les arbres et la boîte aux lettres. La dite avenue vous reconduit à nouveau à la rue de Foucharupt. Biglez, sur votre gauche, non loin de l'hôpital de Foucharupt et de sa chapelle Saint-Vincent-de-Paul (20), un mini-square, si mini qu'aucune appellation ne lui a été collée bien que la pause sur l'unique banc s'impose. Vous frôlez à nouveau l'autre square du quartier, dit des Américains, croisez la rue des Travailleurs, arrivez rue du 3e BCP, comme Bataillon de Chasseurs à Pied, puis rejoignez, à condition d'être à pied, par une passerelle, la rue d'Alsace. Sur la passerelle, stoppez : une autre des trois dernières cheminées de la ville. Sous celle-ci, le siège du Parti Socialiste (je ne dis pas ça pour vous plomber la permission mais il y a des gens, même en tongs, qui rêvent d'airtété). En bas de la passerelle, arrêtez-vous au feu, s'il est rouge admirez donc, dix-quinze degrés sur votre gauche, une « élégante bâtisse réunissant toutes les caractéristiques de l'Art nouveau, dénommé aussi Ecole de Nancy » (5). Vous êtes dans la rue du 10e BCP. A noter, outre l'Ecole des arts plastiques, presqu'en face le siège du Centre d'Information et d'Orientation, abrité dans une ancienne école typique « des écoles urbaines de l'époque ferryste » (5), superbement réaménagée.

La balade va s'achever un peu plus bas, sur un carrefour transi de nostalgie. Tout de suite à droite, d'abord, un magasin, un des plus anciens, de vêtements de marque à la mode un tantinet dépassée c'est-à-dire bientôt à nouveau à la mode (ce n'est pas,

PHILATELIE

comme vous le savez, l'inventivité qui tracasse le modier, plus recycleur de tendances que receleur de créations). Dans cette cambuse aux airs de milieu de XXe, je suis certain que vous dégoterez la blouse à poche centrale de belle-mère aux motifs plagiant la tapisserie de cuisine, joliment assortie au bar d'en face, coin des rues du 31e BCP et des Quatre frères Mougeotte. « Le Times », anciennement « Café des sports », agréable et lumineux, décoré, depuis la maudite loi Bur, de quelques tables sur le trottoir, alimente le quartier de Kellerman voisin, ainsi que les ouvriers de l'usine Gantois et, jadis, de l'usine Puma, que le Pôle Emploi a depuis remplacé. Restons au croisement. A l'angle de la même rue du 31ème et de celle de la Prairie, un autre bar de belle époque, « Le trèfle », se tient droit. Vitrines arrondies, histoire de relever qu'un coin n'est jamais très carré. Découvrez-le, respire ici la simplicité, sur ce petit comptoir derrière lequel une étagère en verre affiche sa fortune en godets. Plus loin, dans cette rue de la prairie, lisez – c'est sur votre gauche un peu en hauteur – les stigmates d'un commerce de fruits disparu, et son enseigne de peinture canardée par les alliés, soleil et pluie. De l'autre côté de la rue, côtoyant une petite galerie d'art, « Le café de la belote », « fondé en 1937 » m'assure son patron, anciennement « Chez Christiane », typique café de quartier au long comptoir. Deux hommes l'honorent, à l'heure de mon passage, chacun debout à chaque bout, comme une double colonnade décorant l'ouverture des festivités. C'est assurément parce que l'homme qui fut mon beau-père, Jean-Michel Thomas, d'ailleurs neveu des quatre frères Mougeotte de la rue toute proche, le fréquentait assidument, que j'ai dégoté dans cet estaminet un autre supplément d'âme. En s'y pointant, il apercevait sans doute, au 11 rue de la prairie, « ce haut immeuble aux accents Art déco » (5).

De deux choses l'une maintenant.

Ou vous avez abusé au « Trèfle » et à « la Belotte », et vous allez courir cajoler votre descendance. Vous prendrez alors à droite, par la rue Maurice-Jeandon, puis à gauche, par le quai Sadi-Carnot, où, après l'Espace Georges-Sadoul et le cinéma « L'Empire », vous aurez juste le temps de mater l'ancienne Banque de France, exceptionnelle bâtisse.

Ou votre foie vous tolère une ultime incartade et vous allez poursuivre la rue de la prairie, et passer devant « le 53 ». Je mets les guillemets car ici se tenait ce que les Déodatiens, les grisonnants et les historiens surtout, appellent « le 53 », qui fut un bordel, un claque quoi, réputé, au 53 donc de la rue de la Prairie. Plus loin, sur votre droite – ne marchez pas trop vite car d'extérieur l'endroit ne paye pas de mine – vous tend les bras « La cabane au darou », bar à bières et whiskies dont l'intérieur est organisé de façon originale et vraiment belle, sur deux étages, comme une suite d'alvéoles boisées où se repose le guerrier.

Vous revoilà place Saint-Martin.

INCARTADE À BAN-SUR-MEURTHE-CLEFCY, FRAIZE ET PLAINFAING

Je ne vais pas y aller par quatre chemins, juste un, partant du vieux Café Bejot, à Raves (sortie de Saint-Dié par Sainte-Marguerite). Juste pour vous dire aussi que vu l'heure où j'écris cette incartade, je ne vais pas m'éterniser sur l'azerty. Je n'aurai qu'un mot à dire : un bar est un bar, mérite donc le respect, même un boui-boui en bord de route. J'y viens.

Mais avant, suivez-moi, quittez la route qui mène à Strasbourg, prenez Raves-Centre, méfiez-vous des pandores, là aussi fréquemment en poste, allez vers Ban-de-Laveline où, si la faim vous serine, stoppez à « l'Auberge lorraine », juste après une ravissante boutique de « Tabac-Librairie-Journaux », puis traverser Verpellière, frôlez sa fabrique de matelas, grimpez à La Croix-aux-Mines, puis au Chipal, et décrochez des points en accostant en tête la pointe du col des journaux, ou col de Mandray. Là, une double petite leçon d'histoire s'impose, avec deux mémoriaux pour le prix d'un. Celui d'abord de 1914-1918, commémorant les combats de la Grande Guerre. Celui aussi de la tempête, bien moins meurtrière, du 26 décembre 1999. Car ce lieu fut un des plus dévastés par ce gros coup de vent de toute fin de 20e siècle. Pour redonner des couleurs au col, ou conjurer le sort, plusieurs artistes y ont, après, exprimé leur talent, leur tristesse, leur espoir peut-être aussi, de voir un jour renaître ce lieu. Qui, depuis, l'est, rené. En tout cas, cet endroit est à voir. Cinquante mètres en-dessous, six tables vous invitent au pique-nique. J'y ai croisé un couple de retraités attablé comme à la maison, assiettes en porcelaine, verres en verre, de cristal, nappe à

C'est à cet endroit, au 53 rue de la Prairie, que se tenait ce qu'on appelle pudiquement une maison close.

carreaux rouges et blancs, de vrais vivants quoi! Je les ai peu dérangés, juste d'un clin d'œil complice disant bon appétit. A Fraize, jour de fête des myrtilles, j'évitai le centre, doté notez-le d'un très grand bar à terrasse, puis bifurquai sur la droite, où l'on devine, à la sobre pancarte «Café », un de ses petits compères. Plus loin, toujours aux fins de me soustraire aux myrtilleurs en vadrouille, j'abordai le quartier des Aulnes, dont l'image bien que lointaine du passé industriel nous transperce, presque violemment. Par là, puis en traversant le lieu-dit Belrepaire, rejoignez la D415, croisez-là, en direction de Ban-sur-Meurthe-Clefcy. Je vous suggère cette incartade dans l'incartade pour des raisons bassement pragmatiques et alimentaires, étant attendu, et très en retard, en ce dimanche de 75e anniversaire de ma mère, au Vic, à Notre-Dame des Monts, où des tonnes de jeunots de la haute Vôge sont venus faire ici retraite de communion. Le site « vous propose un hébergement hôtelier de qualité, dans un cadre verdoyant au cœur de la nature vosgienne, pour vos vacances, vos escapades, seul, en famille ou entre amis » (21). Après avoir fait bombance, repartez à droite, où trois kilomètres plus bas, le café-restaurant « La Clé du Ban » vous met une belle carte sous le nez et, sous le regard du clocher, quelques tables et sièges au grand air. Ou bien à gauche, montez vers la magnifique scierie du Lançoir, haut-fer en activité dont la rénovation doit tant à l'ardeur de ce qu'on nomme « un mec bien », Jean Durand. Le site est aujourd'hui classé Monument historique. Puis redescente vers Fraize, puis montée vers Plainfaing, le col du Bonhomme, autre porte d'Alsace. Vous pouvez bien sûr allez faire lézard sur l'une ou l'autre des grandes et belles terrasses des auberges du col, y garer aussi votre char car des promenades ici il n'y en a pas à la pelle, mais au tractopelle. Je vous propose mieux. Un arrêt dans le col, sur une de ces guinguettes de bord de route qui, outre de vous assainir les papilles, vous humanisent l'asphalte. Comme un petit îlot de tendresse sur l'immensité de la grande caféierie internationale. Un « Fritard », dit-on, à flanc de montagne, dont la vue sur la vallée de Plainfaing est merveilleuse. Le gargotier a pris soin de poser ses chaises au plus près du bord, des rambardes jaunes évitent la chute, je rassure les têtes de linotte démunis de deltaplane. Ah oui, essentiel!, les géraniums. Qui décorent la petite terrasse in-

térieure, calée contre la caravane démunie, elle, de pneus, une histoire de calage sans doute. Et puis Hassan, car le propriétaire de cette délicieuse auberge de fortune s'appelle Hassan, je l'appris plus tard, d'origine nord-africaine, marocaine peut-être, a le sourire généreux sous les moustaches. Et maîtrise à la perfection le « Hop la » (ou « Hopla », ou « Yope la une fois ») typiquement alsacien, quand la dernière goutte de café fait irruption dans votre timbale.

Je note que souvent cafés et coiffeurs font bon ménage, ceux-ci étant, avec les boulangers, les commerçants les plus répandus, lesquels coiffeurs et boulangers mériteraient aussi qu'on s'attarde sur eux en livre. La mie chaude du mitron, le sein rond de la coiffeuse accostant votre épaule quand elle vous émonde, tout cela vaut bien guide touristique. Comme quoi la maxime « du pain, du vin, du bourre-sein », clamé par le citoyen-touriste en manque de repères et de repaires, devrait avoir encore quelques beaux jours devant elle. Ici, coiffeur et café à Fraize, que je ne connais personnellement pas, menant à l'église puis au quartier des Aulnes (PA).

Dans le quartier des Aulnes, Fraize (PA).

Pour capter cette carte postale en réel, freinez chez Hassan, « Resto-rapide » dans la lente montée du col du Bonhomme.

Au col des journau
parmi d'autres œuvr
mémoriant la terrib
tempête de décemb
1999, celle de Chri
tine Pentecôte.

LA CHAPELLE
DE MONTEGOUTTE
PAR LE SENTIER
DES ROCHES
3 KM

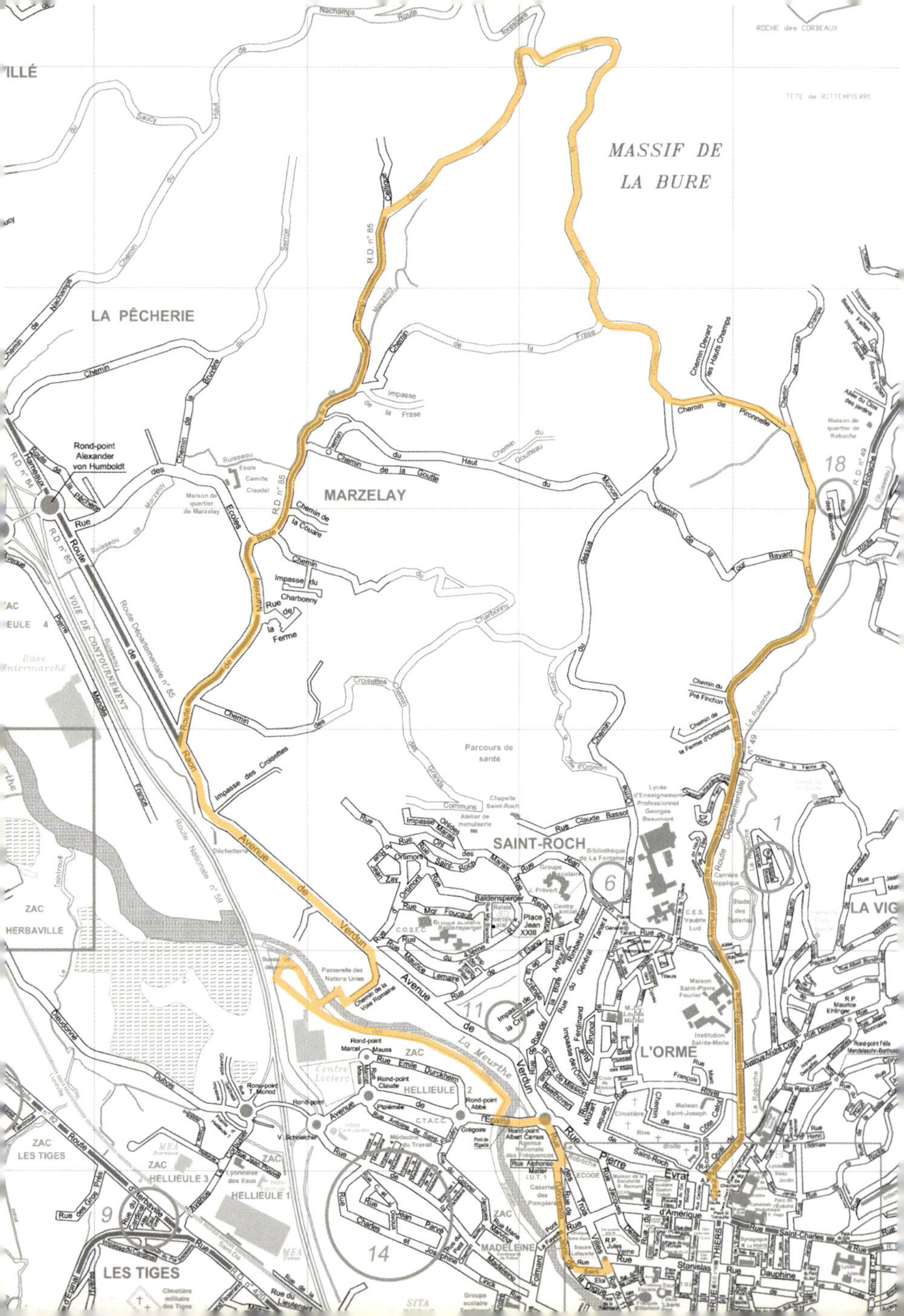
ROCHE des CORBEAUX
TETE de RITTEMPIERRE
MASSIF DE LA BURE
LA PÊCHERIE
MARZELAY
SAINT-ROCH
L'ORME
LA VIG
LES TIGES
MADELEINE
ZAC HERBAVILLE
ZAC LES TIGES
ZAC HELLIEULE 3
HELLIEULE 1
ZAC HELLIEULE 2
Rond-point Alexander von Humboldt
Route Départementale n° 85
VOIE DE CONTOURNEMENT
Route Nationale n° 59
Route Départementale n° 49
Avenue de Verdun
Route de Raon
Chemin de Pironnelle
Chemin de la Tour Bayard
Chemin du Haut du Monoey
Chemin de la Goutte
Chemin de la Frase
Impasse de la Frase
Chemin de la Couare
Chemin des Croisettes
Impasse des Croisettes
Parcours de santé
Chapelle Saint-Roch
Lycée d'Enseignement Professionnel Georges Beaumont
Bibliothèque de La Fontaine
Place Jean XXIII
Rue Pierre Evrat
Rue Saint-Charles
Rue Dauphine
Rue Stanislas
La Meurthe
Passerelle des Nations Unies
Centre Leclerc
Rond-point Marcel Mauss
Rond-point Claude
Rond-point Abbé Grégoire
Rond-point T. Monod
Rond-point Albert Camus
Rond-point Félix Mendelssohn-Bartholdy
Agence Nationale des Fréquences
Caserne des Pompiers
Cimetière Rive
Maison Saint-Joseph
Maison Saint-Pierre Fourier
Institution Sainte-Marie
Stade des Tuileries
Carrière hippique
Cimetière militaire des Tiges
Chemin Devant les Hauts Champs
Maison de quartier de Robache
Maison de quartier de Marzelay
Ecole Camille Claudel
6
11
14
9
1
18

PARCOURS 5/

«GAINS' BAR»

2h45

J'avais envisagé d'intituler « alqualique » ce 5e parcours tant il est fauché en bars. Il faudra en effet vous rabattre sur votre gourde, souvent. D'eau, ça va de soi. Puisque nous faisons dans l'hydrothérapie, donnons-nous rancard sur le petit pont sur le Robache, inaugurant l'avenue de Robache. Cette longue rue vous mène en son bout au grand séminaire, aujourd'hui maison de retraite ecclésiastique dont l'origine du lieu remonte à 1797, quand « la veuve du fondeur de cloches Ferry acheta la vieille tuilerie ruinée du chapitre de l'église, créée au XVIe siècle et vendue comme bien national. Reconstruite et exploitée par son fils François-Joseph Ferry, maire de Saint-Dié-des-Vosges de 1797 à 1815, grand-père de Jules et Charles Ferry, cette usine, toujours dirigée par l'aîné de la famille, produisit des tuiles, des briques, des pots et même des statues en terre cuite » (5). Elle fut détruite en 1901 par un incendie. Et, en 1993, alors que sonne le centième anniversaire de la mort de Jules Ferry, ce site est décor d'une grande scène du film de Jacques Rouffio, laquelle montre un Jules Ferry triomphant, au poil dans ses bottes de tout récent ministre de l'Instruction publique. Il sert à ses convives du banquet républicain, en entrée, plat et dessert, de la diatribe anticléricale (je dis bien anticléricale, pas antireligieuse), à faire trembler les calices du grand séminaire, lequel Grand abrita aussi quelques apprentis curés (je ne balancerai pas les blazes, M'sieur le commissaire) qui, en 1968, au plus profond de la chienlit activaient la ronéo en douce pour pondre des tracts révolutionnaires. Ces parages de l'ancienne tuilerie, très œcuméniques vous l'avez compris, reçurent aussi longtemps une flanquée de jardins ouvriers, près du stade des Tuileries que vous allez maintenant

prudemment longer. Vous partez donc en direction de Robache, « quartier-village » fort agréable dont son tout aussi fort agréable « Café des Molières », désormais logement privé, assista aux prémices de la belle carrière de Philippe Claudel. Encore inconnu, il venait y participer à un « tchache-canon », version hardeuse des Cafés-philo et autres « Lithéraires », à une date qui m'échappe, au début des années 90. Dans la petite salle à droite en entrant, j'y étais. Le lendemain de ce Tchatche où nous avions causé de son « Café de l'Excelsior », Claudel recevait le prix Erckmann-Chatrian. Puis, plus tard, le prix Renaudot, le prix Goncourt des lycéens, des Césars aussi, pour l'exquis « Il y a longtemps que je t'aime ».

Avant ce lieu, dont on ne devine d'ailleurs plus rien de son ancien office, prenez sur votre gauche, chemin des Chênes, puis de la Pironnelle, avec des vues remarquables, en cas de beau temps, sur la ville. Poursuivez en direction de la Bure. Vous verrez, à un croisement, une indication à gauche : « le Saint-Roch ». Car en vosgien châtié, on dit « la maman », « le tonton », « l'Dédé », qui marie dans kek temps « la Sylvie », la gamine « du François » et de « la Marie ». N'empruntez pas cette voie du Saint-Roch, je vous y emmène, là à gauche, en image, pour un spectacle très sensuel. En attendant, courrez en direction de la Bure, par la route forestière de la Bure que vous attraperez prés du carrefour de la Frase. Vous pourrez là allonger le parcours d'une petite heure, en grimpant au camp celtique, par la fontaine du cœur, puis, juste avant le haut du col de la Crenée, par le sentier Albert-Ronsin, que je vous recommande, ce n'est pas un chemin, c'est un distributeur de cartes postales. Cette cité celtique est à voir, habitée il y a 4000 ans, dominant la ville.

Trêve d'Histoire, je reprends ma Frase et son carrefour. Poursuivons en direction de La Pêcherie et Marzelay, autres « quartiers-villages », par une route bordée d'innombrables richesses, colonisées par des limaces et des scarabées dont je m'étonne toujours du « e » à la queue de ce masculin. Une scarabêêête, écrit-on ? Puisqu'on en est à disserter de la plastique des mots, je m'étonne aussi de ce « e » à la fin d'un foie, masculin

:n vosgien châtié, on dit « le ;aint-Roch », ou « le papa », le Dédé ». A cette pancarte page 63), octroyez-vous un ccroc au parcours, descendez le quelques mètres à gauche, ur ce chemin du dessus de 'Orme, pour capter la vue les Jumeaux (ci-contre), ces nontagnes douces de tailles resque identiques, deux eins en somme. Surpris là, à 'entrée d'un sentier interdit, à ondition d'être doué d'un esrit un tantinet coquin, vous verrez une femme couchée, enoux relevés, appuyés sur les pieds aux doigts en ronces n éventail. Je sais, je sais, c'est iré par les cheveux cette hisoire, mais c'est vendeur que oulez-vous !

ça va de soi, et de l'absentéisme chronique de ce caractère à la pointe de la foi, plutôt féminine. Des richesses, je disais, pour les yeux, le nez, les oreilles, le cœur, les pieds, les neurones aussi, qu'il faut, c'est comme tout, aérer régulièrement, les voyages ne formant pas que la jeunesse, forgeant aussi, nonobstant de la corne aux pieds, l'intelligence du cœur.

Nous traversons maintenant le quartier de Marzelay, où mon premier hôte est un papy taquinant je-ne-sais-quoi dans le Marzelay, nom du petit ruisseau qui paire avec le hameau, en habit de ville, ou presque, pas avec l'accoutrement habituel du chalutier, le Marzelay est à marée basse. En le suivant, vous trouverez un croisement – route de Marzelay, rue des écoles et route du Camp celtique – orné d'un très mignon abri végétal faisant brise-soleil aux occupants de ces pénates, puis poursuivez jusqu'à la route de Raon, qui, à peu près à hauteur de la déchetterie, se fait meusienne et fait foi d'un hommage aux soldats d'une des grandes batailles de la Grande guerre, Verdun, bravo, pas Bar-le-Duc. Mais puisque de bar je vous parle, sachez que le premier de ce parcours, vous ne le verrez poindre qu'au bout de cette longue avenue, le « Café Efe », voisinant un citoyen qui vous prévient qu'un chien il a acquis, à moins qu'il ne cause d'autre chose, je n'ai pas vérifié et aucun signe extérieur de faunesse ne m'a, ma foi, confirmé la chose. « Vous pénétrez dans cette enceinte à vos risques et périls » le titi vous avertit-il.

A droite, chemin de la voie romaine, ne le prenez-pas, empruntez-le seulement, il peut servir à d'autres assoiffés de balade citadine. C'est ici un des accès à la promenade des Villes jumelées très appréciée des joggeurs du dimanche et faiseurs pisser le chien sur les coups de sept heures. Ce sont deux militaires que je croise ce jour, puis un pauvre hère, un misérable, un clodo quoi, et son compagnon le banc, dont plusieurs autres, de bancs, décorent cette promenade vous conduisant, par le rond-point Albert-Calmus puis un morceau de la rue des Trois Villes, celui qu'honore une minuscule boucherie, délicieuse d'abord, c'est-à-dire de contenant, de contenu aussi, au « Snack-bar des Trois Villes ». Qui conti-

Un peu plus loin, sur la rout forestière de la Bure, banque une heure de plus et échap pez-vous à nouveau du par cours pour visiter le camp celtique de la Bure par un joli sentier.

gurine l'université et sa rue de l'université. Je m'y suis posé plusieurs fois pour sa terrasse, version citadine des cabines de bronzage bio dont je vous fais l'article dans le parcours 8. Bien, donc. Je veux dire que je lui colle une bonne note. Car en effet, arrivant ici tout juste à la moitié de l'ouvrage, je vous dois une explication sur les critères de mon classement des bistrots, tous fréquentables cela va sans dire, mais plus ou moins. Il y a l'exposition au soleil, pour la terrasse, élément clé. Si par bonheur, quelques charmes nains – ça le fait aussi avec des thuyas gras, des rosiers expansifs, un garage à vélos et un fil à linges bien bondés, une vieille palissade inutile, une manifestation d'étudiants-diants-diants en colère, un cordon de CRS – viennent vous isoler du regard de la rue et de ses mauvaises langues, percés d'yeux ronds et perçants, adjectivant généralement d'un pochetronné votre doux nom de consommateur, alors ceusses-là sont gratifiées de points supplémentaires, tout comme les comptoirs sur lesquels ne glissent pas que l'Edel chaud et le Rosé de base à vous nécroser un foie à bride abattue. Il y a aussi bien sûr – coefficient 5 – le sourire et l'accueil du taulier. Essentiel. Prendre soin de son gosier sous l'œil d'un maussade est très dérecommandé pour la tension artérielle. Quant au patron de bar ex-huissier de justice reconverti dans la cabarèterie, c'est à éviter, d'urgence. Commandez-lui un noir, il dégaine son regard, noir, convaincu que vous venez de lui faucher le fonds. Autre critère, important mais immensurable, car personnel, l'ambiance générale, celle qui fait qu'on aime, tout bêtement, être là ou pas. Et puis ces petits riens qui peuvent empoisonner le long fleuve tranquille qui coule dans vos veines, tables bancales – insupportable ! - chiottes sales, dévidoirs de papier déshérités, le pire étant le gros en acier blanc, de forme ronde, où vous vous écriez en le surprenant planqué en bas des latrines, « chiotte alors, où c'est que j'ai mis ma pince à long manche ». Enfin, l'aménagement et la décoration. Là aussi, affaire de goût. Je note tout de même que cinq, parmi les 100 établissements qui baguenaudent dans ce livre, méritent une palme d'or, et je me hasarde au classement : 1- Le Couroye à La Petite Raon 2- La Pitchouli à Saint-Dié-des-Vosges 3- Le Houx à La Houssière 4- Le Darou à Saint-Dié-des-Vosges 5- Le Relais de la Poste à Ban de Sapt.

Revenons à nos moutons, qui bêlent rue Saint-Eloi tant qu'on digresse, cette petite rue présentant l'intérêt de nous conduire au « Gainsbar' » où je me pose dare-dare pour vous parler d'un oubli de ma part, celui des multiples variétés d'arbres, dont l'Aulne de Corse, qui parfument la Promenade des Villes jumelées que nous venons de prendre. Notez aussi, c'est le moment ou jamais, que Saint-Dié-des-Vosges est d'une famille nombreuse, huit sœurs en tout

Au bar « Le Gainsbar' », rue des Trois Villes, hommag
au beau Serge qui, je m'en excuse auprès de lui, boucle
parcours le plus pauvre en nombre de bars.

éparpillées sur le globe, dont Meckhé, au Sénégal, où j'eus le plaisir il y a bien longtemps de faire le siège d'un bar très chouette – une nuit entière, un gros reptile à queue longue et courtes écailles faisant, lui, le siège de ma chambre de « L'hôtel de Saint-Dié » - en arrière cour d'une vieille bâtisse de type colonial où le rosé était servi dans un sac de plastique, bouchonné d'un nœud, de l'acabit de ceux où barbote, entre la fête foraine et le buffet de la cuisine, le poisson rouge gagné au tir à la carabine.

Voilà, nous y sommes, au Gainsbar', hommage au beau Serge, ce qui vaut, me disait son patron, beaucoup d'arrêts de photographes devant et dedans le mastroquet, anciennement nommé « Bar de la station », car une station-service donnait là à siffler à nos réservoirs, avant. Pour tout le bien que je pense de ce bar – je ne voudrais pas me répéter – je vous renvoie au parcours 2, j'en fais l'éloge. J'ai juste oublié le billard, vaste et classe, illuminé de trois chapeaux de simili-cuivre, dont ce bar est doté. Autres critères d'ailleurs, ces billards ou flippers ou juke-boxes, pour apprécier la pause en café. Délice ou supplice, tout dépend de l'énergumène filant la pièce à la fente.

INCARTADE À SAINT-JEAN-D'ORMONT, DENIPAIRE ET BAN DE SAPT

Revenez à Robache, près de l'ancien « Bar des Molières » et entamez la montée du col des Raids, mentionné aussi comme col de la Culotte, les raids s'écrivant pourtant bien avec un « d ». Du haut, vous pouvez également rejoindre la Bure, via le col du Bon Dieu, ou, en prenant à droite, rallier l'auberge du Spitzemberg, avec son minigolf et sa vue exceptionnelle depuis la terrasse, mais là n'est pas notre propos du jour.

Bref, vous êtes au sommet du col des Raids, à 525 mètres d'altitude, et vous descendez vers Saint-Jean-d'Ormont d'abord, où une visite de l'église du XVe, flanquée d'un carré militaire, n'est pas temps perdu, perchée sur une mini-butte d'un mini-mont mais il fait le maximum puisque recueille, lave, essore et séche l'impureté de nos âmes, ce qui n'est pas, concédons-le frères et sœurs, une sinécure. Nous descendrons, mes frères, ensuite, vers Denipaire dont le centre a recueilli un bar (également Poste et tabac),

L'église de Saint-Jean-d'Ormont, également top départ de belles promenades.

GET
GET
GET
GET

« La Basque », dont je n'ai pas pu, le comptoir étant fermé le samedi de ma traversée, demander à son boss, ou sa bosse, d'où il(elle) tenait ce nom. Je susurre à mes esgourdes engourdies que le boss en cause est une bosse limite espagnole. Ou alors qu'il adepte la pelote et le poulet. Simple pérégrination cérébrale qui me laisse assez de jus pour retrouver mes esprits et essieux, et vous accompagner à Saint-Jean, avec, j'ai oublié de vous le dire à l'aller, de remarquables fermes bourgeoises. Saint-Jean est un passage obligé, si vous êtes en hâte de dégoter rafraîchissement, pour s'engager dans le col vers le Ban de Sapt et ses deux aimants : d'abord, ses Jardins de Callune, parc paysager et botanique ; et son « Relais de La Poste » que j'ai, depuis l'âge de raison et de conduite, toujours vu là. Plein de belles intentions pour vous, ce Relais ! L'air y est bon. L'intérieur, accueillant. Terrasse également, patronne aussi, rapide en service par dessus le marché, et puis un décor original : une grande luge, une schlitte plus sûrement, fait de la balançoire sous le portique d'entrée, des skis se sont accrochés pas loin, puis rabibochés, on a fini par les unir, d'une ficelle, nouée à un clou collé au mur, l'immense râteau à foin les surveille d'une dent, et fait aussi béquille d'un pot de fleurs, pas le seul dans la contrée, car derrière, en fait, dans le jardin, d'autres font la fête, près d'une sculpture en fer, à la gloire, je ne sais pas, moi, d'un cycliste, d'un guerrier, d'un campeur, toujours est-il que son

sac à dos a l'air d'une aile ou deux de papillon, et qu'il se rend utile le beau diable, sa canne, ou sa pompe à vélos long métrage, faisant embout à parasols, sagement repliés dans un autre coin, près du balai à la toison beatnik tendance blondasse. Voici venu le temps de repartir. Vous pouvez promener votre carcasse dans le village, compter jusqu'à sept hameaux. Ou redescendre vers Saint-Dié. Ou alors gagner du temps en avalant dans la foulée l'incartade 9, vers le col de Saales, par un autre chemin qui vous fera découvrir le sentier botanique du Belfays et, sur son palier, le très bucolique arboretum du col du Las et ses tables de lecture,

Arboretum col du Las

que j'ai testées.

Ces gens d'ici
ont bon goût.

Des parasols, sagement repliés dans un autre coin, près du balai à la toison beatnik tendance blondasse.

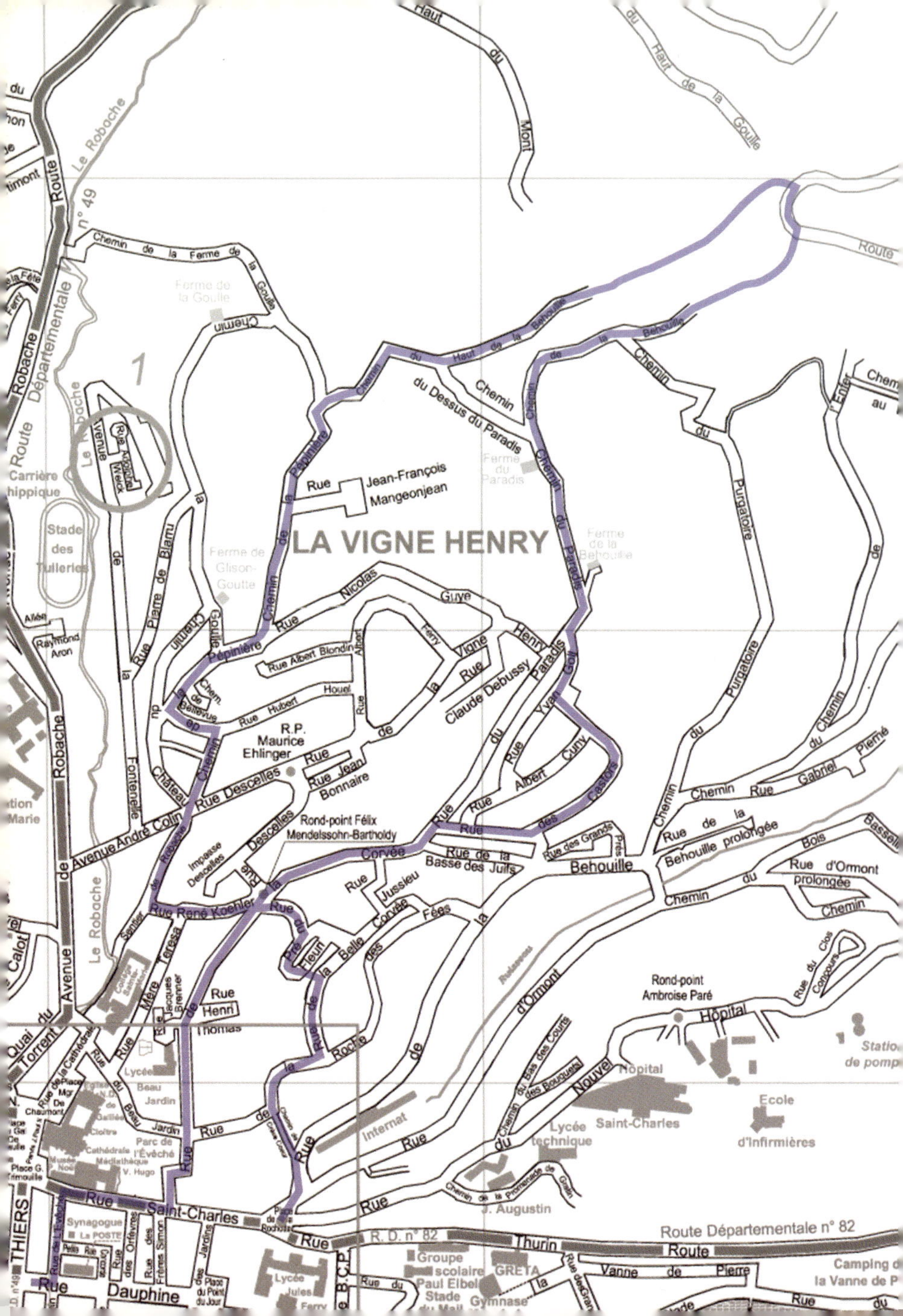

LA VIGNE HENRY
Chemin du Haut de la Behouille
Chemin de la Behouille
Chemin du Dessus du Paradis
Chemin du Paradis
Chemin de la Pépinière
Rue Jean-François Mangeonjean
Ferme de la Goulle
Ferme du Paradis
Ferme de la Behouille
Ferme de Glison-Goutte
Chemin de la Ferme de la Goulle
Chemin du Purgatoire
Route Départementale n° 49
Route Départementale n° 82
Le Robache
Carrière hippique
Stade des Tuileries
Rue Nicolas Guye
Rue Albert Blondin
Rue Hubert Houel
Rue Claude Debussy
Rue de la Vigne Henry
Rue Yvan Goll
Rue Albert Cuny
Rue des Castors
R.P. Maurice Ehlinger
Rue Descelles
Impasse Descelles
Rue Jean Bonnaire
Avenue André Colin
Rond-point Félix Mendelssohn-Bartholdy
Rue de la Corvée
Rue de la Basse des Juifs
Rue des Grands Prés
Behouille
Rue de la Behouille prolongée
Rue d'Ormont prolongée
Rue Gabriel Plemé
Rue René Koehler
Rue du Pré Fleuri
Rue de la Belle Roche
Rue des Fées
Rue Jussieu
Rue de la Roche
Rue Henri Thomas
Rue Mère Teresa
Rue Jacques Brenner
Avenue de Robache
Quai du Torrent
Rond-point Ambroise Paré
Hôpital Saint-Charles
Rue du Nouvel Hôpital
Ecole d'Infirmières
Lycée technique
Internat
Rue Saint-Charles
Lycée Beau Jardin
Parc de l'Évêché
Cathédrale
Médiathèque V. Hugo
Synagogue
La POSTE
THIERS
Rue Dauphine
Rue Thurin
Route de la Vanne de Pierre
Groupe scolaire Paul Elbel
GRETA
Stade du Mail
Gymnase
Lycée Jules Ferry
Camping de la Vanne de Pierre
J. Augustin
Rue des Frères Simon
Rue des Jardins
Rue des Orfèvres
Place du Point du Jour

PARCOURS 6/

Matin, midi et soir, « Le France » vous pourvoit de toutes les couleurs, café noir, ou crème, thé vert, vins rosés, blancs, rouges, jaunes. Photo Fred Hoen

«RO-CHOT-TE»

1h25

Posté au France, pour « Hôtel de France », qui fait aussi bar, j'absorbe un café, et croissants de la bonne boulangerie d'en face, et contemple la Paix, pour « Brasserie de la Paix » où je note, je vous le signale, les prix très pacifiques et bon marché. Il m'arrive les midis d'y aller perdre des radis au « Rapido ». Ce Loto presto est au poil pour les impatients, ceux qui piaffent de savoir que l'Etat, démuni de Bic, n'a jamais gratté une croix dans sa vie mais a, comme on dit, le cul bordé de nouilles. Fin de râlerie, je mords juste un bout de la rue Dauphine, délaisse à droite la place du Marché dont j'ai oublié de vous parler de la belle fresque de Mika, et bifurque à gauche, rue de l'évêché, dominée par une synagogue que conçut l'architecte de la grande synagogue de la paix à Strasbourg, Claude Meyer-Lévy. Au bout, sous la grande façade contemporaine du musée Pierre-Noël (22), « l'escalier couvert, dernier vestige des murailles élevées pour consolider le terrain du quartier des églises créé sur le Mont. » (4). Dans cette rue Saint-Charles, avancez-vous jusqu'à la rue de la Corvée, très pentue sur son début, très longue, traversant presque de fond en comble un quartier perlant de constructions typiques des années « Art

La Paix depuis le France

Déco ». Vous en trouverez des tas sur ces voies que nous allons maintenant avaler, croiser ou frôler : Avenue de la Fontenelle, Chemin de la pépinière, rues Descelles et de la Corvée.

Un chemin du Paradis qui porte si bien son nom et donne au marcheur, et à l'âne gitant là, une des plus belles vues sur la ville

En fin de Corvée, après le rond-point Félix Mendelssohn-Bartholdy (dont les riverains des rues qui y aboutissent – Descelles, Corvée, Koehler, Pré fleuri – sont ravis m'a-t-on dit d'échapper à cette adresse postale si chouette à cartophier), vous pouvez alors rejoindre le chemin du Paradis, l'aire et l'air du « Paradis » par la rue du Paradis, classique ! Chouinez plutôt un chouïa à droite, par la rue des Castors ou la rue Albert-Cuny, pour découvrir cet exceptionnel quartier des Castors. Outre que l'un de ses fondateurs, Robert Marchal, fut un voisin à l'époque où je résidais là, que celui-ci est aussi l'un des fondateurs du jumelage avec notre ville polonaise, qu'il nous servait, ma femme et moi, lorsqu'en voisins attentionnés nous lui rendions vespéralement visite, un exquis Vendanges Tardives de chez Derrière-les-fagots, ce quartier enveloppe une bonne quarantaine de maisons allant du pareil au même, construites après guerre, en collégialité et solidarité. « Cette appellation a été donnée par référence au système original de construction des maisons qui permit l'accession à la propriété de candidats peu fortunés. Les futurs propriétaires apportaient à l'édification de l'ensemble du lotissement un certain nombre d'heures de travail dont la valeur était déduite du coût total de leur propre maison. » (5). Fin de castors, nous voilà au pied de l'Ormont, prêt à embrayer sur le chemin des Ducs – nous sommes toujours sur le GR 533 – et sa promenade circulaire du Paradis balisée de cercles rouges.

De là, en moins d'une demi-heure, vous pouvez rejoindre l'aire du Paradis où mes instituteurs et trices m'emmenaient avec mes camarades en rando-pique-nique de fin d'année. Puis redescendre à nouveau par ce même sentier. Vous pouvez aussi, si en rade d'indulgences sour le matelas, bouder l'éden et bifurquer en pleine forêt, au signal du rectangle-blanc-dans-le-rectangle-jaune du Club Vosgien.

Vous atterrissez alors chemin de la Pépinière, puis frottez la rue Descelles, où sied un immeuble de bois moderne et remarquable, et l'avenue André-Colin, et finalement atteignez le sentier de Robache où vous

Magnifique petite cambuse de jardin, en avant-plan du grand séminaire

ne pourrez pas résister au charme de cette petite maison sur la gauche, montée sur paliers successifs, fleurie comme une serre généreuse, où un chat me fit un jour de l'œil. Des maîtres et leurs bestioles, j'en ai croisés sur ce parcours, des prévenants et des drôles, celui-là notamment, jouant à cache-cache avec son chien, la truffe ébaubie, sous les remparts du chapitre de Monsieur le Duc.

Revenons au sentier de Robache, dont je vous prive de la terminaison, vous invitant à remonter, par la rue René Koehler, vers l'imprononçable rond-point de Félix, puis vers le « Pré fleuri » dont les guillemets sont, vous le constaterez, terriblement injustes. Pré authentiquement fleuri. Montez au-delà du dernier HLM, frottez-vous les épaules sous une allée d'aulnes nains – il me semble que ce sont des aulnes – puis attrapez la rue de la Belle corvée, puis redescendez vers celle de la Roche des fées pour toucher celle de la Behouille, via le chemin du Crèvecœur dont, sur son haut, un monument est érigé en mémoire de Hugo de Spitzemberg, « exécuté par la foule aux heures chaudes de la Révolution, le 1er septembre 1793 » (5). Je vous le dis, il n'y a pas plus imbécile qu'une cohue. Bref, nous voilà rue de la Behouille, où quelques amis et parentés hospitaliers, dont un m'ayant initié au sublime Moulin à vent, me rappellent de vous rappeler que ce nom, « indique un ancien canton de vigne, et signifiait la hotte dans laquelle on transportait le raisin » (5).

xceptionnel quartier des Castors, par l'architecture le ses pareilles maisons et de on histoire.

Et nous voilà sur la fontaine de la Meurthe, ornée d'une statue de la Meurthe, « jeune fille vêtue seulement d'un filet » (5), qui choqua, bien que haute perchée, la bourgeoisie (dont la vue basse ne semble donc relever que de la métaphore). Le clergé aussi y alla de sa commotion, en raison de la proximité de la cathédrale. La fontaine fut déportée en faubourg, là où elle est – et vous aussi – aujourd'hui. Et elle est donc toujours là. La cathédrale. La bourgeoisie. La clergure. La jeune fille, encore et toujours dans son négligé marin.

Le Patron de la Rochotte,
Bernard Mischler.

sur une façade XVIIIe siècle » (5). Place du marché, vous voilà. Une fois n'est pas coutume, lâchez la rampe du zinc, offrez-lui des fleurs, arrêtez-vous sur cette place, « chez Noelle Vincent », délicieux fleuristes

Clin d'œil en passant aux quelques-uns, ici Karine et Bernard, qui m'accompagnèrent parfois dans mes virées.

que seuls les arrière-quartiers des petites villes de province savent choyer. Et puis, tiens, prenez votre pied, rancardez-la à « la Paix ». Et si l'Etat n'est pas passé le premier, offrez-lui rapido une virée sur le Rhin.

La lanterne de la Rochotte aussi, dont Bernard Mischler et son épouse Georgette, une presque reproduction d'Annie Girardot, tiennent le volant avec une classe à faire pâlir les grandes brasseries des grands boulevards. C'est un bonheur que « d'antrer » là, à l'abri des temps modernes, près du solennel babyfoot, de l'éclatant flipper, du canonique comptoir au bout duquel, près du vieux bigomètre, un compteur de minutes téléphonées, balance un calendrier des Postes avec sa DS 19 de dix-neuf-cent-soixante-et-un. J'avais moins six ans. Pas de quoi me pointer seul pour vous emmener sur un bout de la rue Saint-Charles d'abord, puis sur la rue des Jardins. Que vous pouvez prendre de ce côté, si à pieds vous êtes. Nous sommes arrivés à la place du Point du jour. Poursuivez sur la rue de l'Orient où, au 8, vous admirerez, près du « Bistroquet », sur une contre-allée en contrebas, « un décor de maison aux courbes Art Nouveau

Dieu seul le sait, dit-on.
Sait-il où cette échelle nous mène.
Ses pieds sont dans le sentier du
Robache, le ruisseau ruisselant là.

INCARTADE À MOYENMOUTIER, SENONES, LA PETITE RAON, MOUSSEY, SAULXURES-COL DU HANTZ

Le temps de trouver le nom des habitants de Moyenmoutier et vous aurez déjà fait le tour de cette région dont Moyen – disent en vitesse les Médianimonastériens – est au cœur. Au cœur d'un Pays des abbayes à l'Histoire richissime. « En ce VIIe siècle, Gondelbert, Bodon, Hydulphe et Déodat choisissent cette région, haut lieu des cultes celtes, pour y implanter les abbayes qui constitueront ce que l'on nomme encore aujourd'hui la Croix monastique de Lorraine. Sur quelque dix kilomètres, les abbayes de Senones, Moyenmoutier et Etival seront, jusqu'à la Révolution, les lieux d'un foisonnement intellectuel brillant, véritable pépinière pour les puissants (...), attirant de grandes figures comme le pape Léon IX ou encore Voltaire » (24). Ajoutons, pour le cours d'Histoire, que cette vallée – que l'on appelle aussi « vallée des larmes » pour ce que ses filles et fils en pleurèrent au cours des guerres – croise l'histoire héroïque de l'industrie textile qui fit chauffer, pendant deux cents ans, les marmites des riverains du Rabodeau. Symbole de cette cohabitation avec l'éclat industriel du passé, l'église abbatiale de Moyen dont la porte d'entrée fut longtemps masquée par des tôles abritant une usine textile. Peaudouce fabriquait ici ses couches-culottes. Il ne reste aujourd'hui que la pancarte de l'ultime Abramante, dé-

...La musique, bonne...
au Couaroye,
à la Petite-Raon
Photo Karine Huguenot-Thomas

JACQUES
"La valse à mille temps"
Ne me quitte pas
Les flamandes

visageant le « Café des amis » en entrée de ville. Bar simple, à l'humble terrasse, deux tables, huit chaises, tubées, une fenêtre, deux portes, la plus grande, peut-être, pour laisser prospérer la clientèle des jours de grandes communions. Sur la route, avant, il y a « Chez Steph' », et encore avant, la promesse que plus personne ne tient, toujours peinte sur la vitrine, d'un « Bar à hôtesses ». Ils ont plié les gaules. Et puis après, juste avant la mairie, le « Bar des trois jumeaux », plus connu comme étant l'ancien à Coco. Le Coco Braun dont la planète foot connaît par cœur le coup de pied, agile aux temps homériques où l'équipe de Saint-Dié brillait en seconde division. Coco avait tapissé son bar de unes de *L'Equipe*, une originalité que son successeur a rayé comme mention inutile, dommage. Ce sont des traces d'anciens cafés qui vous indiquent bientôt la sortie de Moyenmoutier : l'ex « Café de la Poste », pour aller sur Hurbache ; l'ex des Sports pour Senones. Sportifs nous sommes, sportifs nous restons, allons senoner quelques cloches au « Voltaire », reclus à l'abri de la Départementale 42, face à un ensemble remarquable : « On peut encore aujourd'hui se promener dans les grandes cours, le cloître, les jardins et admirer l'escalier d'honneur, le palais abbatial et la bibliothèque » (24). Toujours à Senones, ricochez sur la 42, direction La Petite Raon, sur une route flanquée de maisons ouvrières qui tranchent avec l'idée d'une histoire étincelante. Vous arrivez à La Petite Raon où – ce n'est pas un ordre mais c'est tout comme – il faut vous arrêter au « Couaroye », un bar à thèmes et restaurant qu'un Tube Citroën, qu'une 2CV Diane califourchone, signale. Comment dirais-je ? Vous n'entrez pas dans un bar-restaurant, vous plongez dans un univers, doux émouvant paisible, je le dis vite comme ça sans les virgules pour ne rien oublier. Divinement rafraîchissant. Celui-ci, je l'ai testé au moins trois heures, un dimanche, à deux reprises, avec dans les

Allez savoir ce que spéculent ces deux oiseaux, enfantés sur le mur d'une ancienne usine, à l'entrée de Moyenmoutier.

...La belle Nina, au beau Couaroye...

Au Couaroye, le making-off de la couverture, avec Philippe, Karine et la petite Eloïse.

oreilles du Brel, du Brassens, du Barbara, du Moustaki, qu'exhalait un authentique vieux pick-up, et sous le nez quelques produits des champs et étables à l'entour. Car tout ici est local, souvent bio. Tout ici est musical et les jeunes et braves gens (pas au sens où nous entendons communément le brave, non, au sens de l'audacieux, courageux) qui ont investi l'ancien Grand Hôtel qui a sis là, ajoutent à leurs menus des Venus et Sabbat quelques concerts. Crème sur le gâteau et cerise sur la crème, la décoration est au poil. Au fait, savez-vous quel est l'autre sens, le 3e en somme, de brave ? « Vêtu avec soin ». Comme disait Madame de Sévigné, « Madame de La Fayette me mande comme elle se fait brave pour la noce de son fils ». Vous verrez comme ce Couaroye se fait brave en tous temps, changeant régulièrement de toilette et toile. Les uns me disent avoir dîné dans une 2CV. Les autres, dans une cabine de bateau, les hublots, carrés, cherchant le Rabodeau.

A l'intersection que ce bonheur de bar enflamme, vous pouvez aller à gauche, vers Moussey. J'ai poussé jusqu'au bout de ce Mouss', dont on hume à chaque pavé la grandeur défunte et dont je ne peux pas dire, au risque de froisser ma belle crédibilité, que son éclat est l'exacte reproduction de celui de Saint-Trop-de-Pèze. Mais poussez. Rien que pour l'accueil du libraire-tabatier du bout du bout.

Retour vers La Petite Raon et son « Couaroye », et son « Café des sports » aussi, classique caverne où la belote règne près d'une mignonne terrasse. Prenez la tangente, vers le col du Hantz où, en sa sommité, sur la commune de Saulxures, vous attend un autre digne missionnaire, dignitaire de la sauvegarde des bons bars-restaurants. Celui-ci, conducteur de l'auberge « A l'ancienne frontière » est comme son intérieur, souriant, rassurant, accueillant, de la catégorie des taverniers qui kiffent leur taf. Une mine à vous faire d'un anorexique un inconditionnel du Kougelhof à la choucroute.

SAINT-ROCH
L'ORME
LES TIGES
MADELEINE
ZAC HELLIEULE 1
ZAC HELLIEULE 2
ZAC HELLIEULE 3
ZAC HERBAVILLE
ZAC LES TIGES
GEOPARC
Anneau réfrigéré
Avenue de Verdun
Route Nationale n° 59
Route d'Herbaville
Route Départementale n° 82
Rue de la Tuilerie
Rue du Général Tanant
Rue de la Croix de Mission
Rue Beethoven
Rue Mozart
Rue de l'Université
Rue des Trois Villes
Rue Pierre Evrat
Rue Jacques Delille
Rue Stanislas
Rue Thiers
Rue du 11 Nov. 1918
Quai de la Digue
Rue des Folmard
Rue Linck
Rue de la Madeleine
Rue Jean Parvé
Rue Charles et Josephine
Avenue Schoelcher
Avenue Dubois
Rue Dieudonné
Rue du Cardinal
Rue Jean Prouvé
Rue Emile Durckheim
Rue Antoine de Saint-Exupéry
Rue Marcel Mauss
Rue de Lorraine
Rue Ferdinand Brunot
Rue Maurice Lemaire
Rue René Fonck
Rue Claude Bassot
Rue des Gros Prés
Chemin de la Fourrière Magdelon
Chemin de la Chaise du Roi
Cimetière militaire des Tiges
Groupe scolaire Ferdinand Brunot
Groupe scolaire Baldensperger
Lycée d'Enseignement Professionnel Georges Beaumont
C.E.S. Vautrin Lud
Maison Saint-Pierre Fourier
Maison Saint-Joseph
Centre Leclerc
Hôtel Campanile
Passerelle des Nations Unies
La Meurthe
6
11
14
9
15

PARCOURS 7/

«PERGO-LA»

Entre 1h45 et 2h15

Bien que lié avec le maire d'une vieille amitié, l'envie de lui cirer les pompes ne m'a pas d'emblée turlupiné. Ce matin de fin de juillet presque ravissant, je me ravise et ravitaille en congratulations le Premier Magistrat. Ses zones commerciales sont de superbes lieux de balade. Pas banale comme sortie, charmante même, à condition de s'y aventurer un jour du Seigneur. Pas d'obstacle à ce que vous y traîniez aussi la semaine, mais n'oubliez pas le commerce de centre-ville dont rien ne remplacera jamais les senteurs et les bruits, et les délicatesses – à quelques exceptions près que je ne moucharde pas pour ne pas nuire à leurs voisins – de ce qu'on appelle dans notre jargon la proximité. Entamez le parcours par le PMU « La Pergola », au coin de l'allée Emile-Lambert et de la rue Jean-Jacques Balligan, avec vue sur les côtes de la Tour de la liberté. De là, son escalier gauche, colimaçonné, vous fera penser, vous les esprits un peu vrillés, à un vaste tire-bouchon. « La Pergola » eut une terrasse supérieure prisée, depuis fermée, sans doute trop bruyante pour le voisinage ou alors, me disait un pèlerin de ce lieu saint, « ça devait être compliqué pour le service ». Lequel client me décora sur le champ d'un ballon d'Edelzwicker, assaisonné d'un magnifique colloque sur les appellations qui ne l'étaient plus. Tokay, etcetera. Sur ce, le patron, bien urbain, mit son godet et son grain de sel à l'œil, un breuvage allemand, blanc, clair, respectable. Ce dimanche, je

Dans l'allée Emile-Lambert. Résistant belge, « La Pergola ». Et en face la Tour de la Liberté dont le colimaçon au loin vous fait penser, vous les esprits vrillés, à un vaste tire-bouchon.

ne m'arrêtais pas, fuyais vers le parc Jean-Mansuy qui courtise depuis des lustres la sous-préfecture, là depuis 1835. Ce lieu a une histoire liée, comme beaucoup d'autres ici, à l'industrie textile. Il y eut d'abord un séminaire, jusqu'à la Révolution Française, puis « les industriels Lehr et Huguenin achetèrent les bâtiments et installèrent dans l'église la première usine textile employant cent ouvriers sur cinquante métiers à tisser. La Ville acheta l'ensemble pour y installer en 1835 la Sous-préfecture et le Palais de justice » (4).

Je franchissais donc le parc Mansuy (parce que si Paris a son Parc Monceau, Saint-Dié a son Parc Mansuy et si Yves Duteil nous avait fait dans le prototype plutôt que dans l'archétype, il nous aurait roucoulé *Au Parc Mansuy...*), laissant sur mon flanc droit, près de l'Espace François-Mitterrand, le fronton de l'ancien Hôtel de Ville, du temps où celui-ci anglait les rues Thiers et Stanislas, replanté près d'une grande roseraie, elle-même semée plus tard. Comme dit ma mère, tu regardes bien à gauche, puis à droite, puis vite à nouveau à gauche et tu traverses. Je traverse la rue du 11 novembre 1918, puis rejoins le quai de la Digue. Suivez-moi. Empruntez le petit chemin qui longe la Meurthe, non sans avoir admiré, sur ce quai, après la rue Saint-Eloi, quelques petites maisons paisiblement installées en arrière-cour de ville, d'une simplesse touchante. La longe de la rivière s'arrête au Pont La Fayette, un libéral, au sens de l'époque, qui participa à la guerre d'indépendance américaine. La Ville de Saint-Dié-des-Vosges est d'ailleurs marraine d'une frégate de la Marine Nationale portant son nom. Marie Joseph Paul Yves Roch Gilbert Motier, de son vrai nom trop long pour une frégate, d'où le nom de scène Marquis de La Fayette, est d'ailleurs mort l'année suivant celle de la naissance de notre Jules à nous, Ferry, autre libéral dans son genre et qui, lui aussi, a quelques liens avec l'Amérique. Il signa, il était alors président du Conseil, l'acte de donation de la statue de la Liberté aux Etats-Unis.

Après le pont, nous entamons maintenant la rue des Folmard, puis première à droite, rue de la Madeleine, connue pour sa prolifération d'impasses. Vous passez d'abord devant le nouveau Commissariat de police, chouette bâtiment en bois, dont je ne suis pas sûr qu'il, le bois, apaise vos soucis en garde à vue, mais voilà c'est dit.

A droite, près du bâtiment *Alliance* (pas le syndicat de police, le nom d'une société d'ambulances), la rue du Colonel Jacques-Pierre, ledit « colon » étant de ceux, portant un nom de rue ou bâtiment déodatien, que j'ai connus ou fréquentés. Que j'ai connus et qui désignent un lieu de la cité, il y a aussi Pierre Noël (un musée, celui qu'il a fondé contre vents, marées, tracts et quolibets), Robert Bernard (une Maison de la solidarité, ce qui lui va bien), Maurice Jeandon (une rue, près de la *Caisse d'Epargne* dont il fut le directeur), tous trois anciens maires. Jacques Pierre fut maire-adjoint d'une commune voisine, Nayemont-les-Fosses, professeur d'Histoire, membre de la Ligue des Droits de l'Homme, colonel, ami personnel du général Bigeard, avec lequel il bourlingua en Indo et qu'il aimait sincère-

ment, mais surtout grande et belle gueule. Ces gueules qui disparaissent, comme si les modernes qui dirigent notre époque, sale règne de la transparence et du droit de savoir et du devoir de cafeter, avaient émis l'interdit général de déconnade. Ces gueules qui font aussi le charme d'une ville et dont les gouailles agglutinées forment un hymne. Le sien, au colonel, il le chantait à tue-tête dans les couloirs de la mairie lorsqu'il visitait le maire, Christian Pierret, dont il était ami. C'était du genre, mille excuses aux prudes et chastes portugaises, « j'ai, j'ai, j'ai quelque chose qui me rentre dans le c..., ça m'empêche de marcher. ».

N'ayant présentement rien de la sorte à proximité du postère, je poursuis ma marche, laissant la rue Jacques-Pierre et prenant celle de la Madeleine. Haltez-vous à la première impasse, enfilez-là, et rejoignez un premier morceau de zone, désertée en ce dimanche. Vous tombez sur le centre de tri de *La Poste* et, plus au loin, *Monsieur Bricolage*, à rallier par une petite contre-allée ombragée et décorée d'arbres. Vous êtes à nouveau rue Jacques-Pierre. Reliez vous au punctum circularum de l'abbé Grégoire, que je n'ai pas connu personnellement mais dont on m'a dit le plus grand bien, puis prenez la rue Emile-Durkheim ou les parkings, vides, qui la bordent. Entre les chariots délaissés, faites vous donc crossman, et puis allez voir l'autre punctum, puis l'autre, puis l'autre, que l'artiste-peintre Mika a gratifié d'une jolie fresque d'accueil à nos visiteurs. Vous aurez alors franchi le pont qui franchit la route

Rue Dieudonné, une petite maison dans la prairie.

nationale, et serez prêt à entamer la rue Dieudonné-Dubois, dit « Dubois des Vosges », sans doute sobriqué ainsi par ses collègues du Conseil d'Etat puisque Conseiller d'Etat il fut, à peu près à la même époque où La Fayette claironnait chez notre filleule (l'Amérique, pour ceux qui ne suivent pas). Maire de Saint-Dié-des-Vosges il fut aussi. Sa rue nous conduit au Géoparc, paradis des bagnolards, avec piste et tout le toutim, permettant à la ville d'accueillir souvent le trophée *Andros*, Jean-Pierre Pernaut, Alain Prost et quelques sublimes créatures dont la sympathique et beaucoup moins niaise que vous ne croyez Elodie Gossuin. Au bout, prenez un sentier qui longe le Taintroué, remontez jusqu'à la plage, de Saint-Dié-Plage, où les palmiers rendent les sapins verts de rage. Il y a, dans ce coin, de très beaux es-

paces de pique-nique. Il y a aussi le « Café de la plage », bien sûr provisoire mais d'une allure aguichante. Vous pouvez aussi poursuivre en longeant un gros étang au bord duquel toutes sortes de sports sont suggérés. J'y ai croisé des cyclistes, des badauds, des marcheurs, des mateurs, des campeurs, des coureurs, sur selle, sur pattes, de jupons. découvert, donnant au quartier l'air d'autre chose, depuis l'anéantissement de l'énorme usine SDMA. Rue d'Hellieule, après le numéro 17 où deboute une maison de type « Art éco », prenez à gauche, vers la place des Déportés, où, si vous êtes en rade, de radis ou rhododendrons, vous pourrez entretenir l'un des seuls gros épiciers de la ville

Vous retombez ensuite sur la rue Dubois, où, sur votre droite, frime un gros entrepôt, vêtu de bois, petite maison dans la prairie, car ce fut une prairie, je l'ai connue nue. Retournez sur vos pas, jusqu'au rond-point Victor-Schoelcher, et reprenez par l'autre bout la rue de la Madeleine. La vieille boîte aux lettres rouillée, cabossée, là, sur votre droite, indique le chemin. C'est une « rue du petit chemin », un peu plus loin, qui m'a d'ailleurs faire prendre traverse, pour aller vers la rue Linck. Rejoignez celle d'Hellieule où un immense bâtiment, empilement de petites briques à l'anglaise, près d'une boulangerie d'un rose foncé en façade, s'est ouverts en dominical. Rond-point George-Sand, puis Pont de la République, puis rue Thiers où je sèche ma casquette au Poste (le bar, pas la cellule), y croise un vieux pote. Jolie patronne, marrante, terrasse aussi, jolie, ouverte sur une avenue soigneusement vêtue comme un dimanche midi.

Aux 100 bars sédentaires présentés dans ce guide, s'additivent toutes les guinguettes improvisées ou provisoires, d'un jour, d'un week-end, d'un été, tout aussi méritantes. Le bar de la plage, par exemple, qui arrose les troupes en slips de Saint-Dié-Plage, ou la vieille distillerie de la Pêcherie (page 86)/(PA) – pas vraiment une guinguette mais la placer quelque part dans ce livre me démangeait – avec sa généreuse cucurbite, ou la guinguette des marchés artisanaux nocturnes estivaux (ci-dessus), ou encore l'éphémère mais tout de même fidèle brasserie du Festival International de Géographie où j'eus le plaisir, en extérieur, d'interviewer Vincent Ferniot (page 86), puis, en intérieur, de retrouver ma sœur, Claire, viticultrice à Nîmes, et mon cousin, Benoit, viticulteur en Champagne (ci-dessus).

INCARTADE À SAINT-MICHEL-SUR-MEURTHE, NOMPATELIZE, LA BOURGONCE, LA SALLE, SAINT-RÉMY, ETIVAL-CLAIRE-FONTAINE

Si ça vous dit d'engloutir quelques kilomètres supplémentaires, pédibus-jambus ou vecturus-pneusus, vers d'autres banlieues déodatiennes, ne vous gênez pas et, au rond-point Théodore-Monod, prenez l'avenue Le Corbusier, passez la voie ferrée, puis, à droite, embrayez sur la route d'Herbaville, laquelle me fait continûment, depuis 1986, date de mon bacho, frémir de rire. Je passais, après un écrit juste raté à Saint-Dié, l'oral à Epinal, dans le même lycée qu'une célèbre candidate à la présidentielle qui s'emmêlouilla les crayons sur les hauteurs de Pékin, mixtant bravoure et gratitude et créïllant la bravitaillude. Je passais donc l'oral, disais-je, dans la même salle qu'un ami déodatien, fils d'un réputé médecin de la place par ailleurs adjoint au maire chargé des Sports mais dont évidemment je tais le nom. A l'autre bout de la salle, je captais la question de son professeur l'intimant de citer un des grands discours du général de Gaulle, celui-ci, mon pote, ripostant sans ambages que des bafouilles du Grand celle d'Herbaville fut une des plus fameuses. D'Herbaville à Brazzaville, il n'y avait, cela dit, qu'un demi-mot de différence, un herba à la place du brazza – broutille ! - et il n'eut donc, comme moi, qu'un bacho en soldes. Bref.

L'église de Saint-Michel-sur-Meurthe surplombe le village et son Café du centre, et sa boulangerie, et sa mairie, triple pilier d'une communauté qui se respecte.

Prenez cette longue route d'Herbaville qui vous mène à Saint-Michel-sur-Meurthe. Le Bar du Centre, le jour où j'y passe, est fermé. Il ne l'est, celui-ci dont un billard

Au fond, la grande terrasse, du « café de chez Lydie », près de l'abbaye d'Etival.

Prenez la direction de La Salle et Etival-Clairefontaine. A la première, traverser la RD32 pour rejoindre la seconde où vous serez accueillis, tout de suite à l'entrée de la bourgade, à droite – arrêtez-vous ! - par la pisciculture Sainte-Odile dont les produits, d'une très belle qualité (je les ai goûtés moult fois et mon foie ma foi m'en sait gré), valent l'arrêt. Et puis si les terrines vous ont asséché le gosier, quelques centaines de mètres seulement vous séparent de « Chez Lydie », près de l'abbaye. Vingt-trois ans, me dit-elle, qu'elle tient ce café de belle allure. A l'époque, il y en avait onze. Plus que deux aujourd'hui, avec le « Café du pont », un gros PMU, un peu plus loin sur cette route sorte de tiret entre l'Etival et le Clairefontaine. « Chez Lydie », dont la salle, immense et fraîche, est meublée d'un vaste billard et décorée de photos de cinéma, j'aperçois Belmondo, sur ma gauche, avant que le chat n'aspire mon regard, il est posé sur un catalogue, des trois de Suisse ou d'ailleurs, ne dit rien, se laisse photographier. Bien sûr que vous pouvez aller visiter l'abbaye, qui jouxte ce bar, l'une des Cinq, avec Moyenmoutier, Senones, Saint-Dié et Saint-Sauveur, formant ensemble « la croix monastique de Lorraine ». Bien sûr. Mais vous allez d'abord l'admirer d'extérieur, ce « fleuron de l'art roman dans les Vosges » (24), depuis chez la Lydie et sa terrasse bien plus savoureuse et vaste que les Flore et Lipp réunis.

si je me souviens allume l'allée centrale, que provisoirement. Le suivant, près de la gare, « L'Orchidée », l'est définitivement. Une pancarte « A vendre » supplée celle des « Tarifs des consommations ». Comme un avis de décès. Je passe ma route, direction Epinal, par la RD 32. Allons-y. Rejoignons Nompatelize où, à la sortie, nous prendrons à gauche, direction La Bourgonce. Deux HLM, comme les piliers d'un temple paysan, ornent l'entrée. C'est toujours bizarre ces bâtiments collectifs et carrés, de trois étages et plus, en rase campagne. Comme un air de Roumanie. Cet endroit n'a pourtant rien de ce brouhaha, il est plus près du paradis. De vastes champs, à cette époque occupés à chouiner sous l'allumelle du tracteur, livrent cette vallée au répertoire des magnifiques coins de France. A La Bourgonce, faites une pause à « La Ruche », bar de village, avec sa première table en extérieur, deux qui la suivent en intérieur, plantées là comme un décor d'épicerie. Employée hospitalière, comme le soleil qui terrasse et colore la terrasse. Un peu plus bas, d'une fontaine ne coule plus qu'une pancarte, jaune vif, signalant « fontaine privée et communale ».

FRANCE
COMME CHEZ LE FLEURISTE
7 bouquets pour égayer la maison
MON DÉCORATEUR D'EXTÉRIEURS

COMMERCE

« Ce soir, j'attendrai Madeleine... »

Le bistrot-épicerie d'Etival a depuis belle lurette troqué son statut de boutique pour empocher celui d'institution. Après un demi-siècle d'activité, sa propriétaire tirera définitivement les volets le 30 juin.

1956 : Guy Mollet succède à Edgard Faure, Marilyn Monroe épouse Arthur Miller, Roger Walkowiak remporte le Tour de France et... Madeleine Gérardin ouvre, le 2 juillet, son bistrot-épicerie sur le bout de la rue Pajailles à Etival, au pied du col de la Chipotte.

48 ans après, presque jour pour jour, elle quittera les lieux, emportant avec elle le souvenir d'un zinc qui... s'il pouvait causer ! Le 30 juin, l'agence immobilière qui a posé son écriteau jaune vif, à côté de la carotte rouge des débitants de tabac, y aura sans doute collé la mention « *vendu* ». A quelques jours de la fermeture de son établissement, une causerie avec Madeleine Gérardin s'impose. Une rencontre empreinte de douceur et d'émotion. D'une fraîcheur à faire pâlir de jalousie l'anisette des samedis de congés payés. Madeleine s'assoit dans la salle à manger décorée d'un « *diplôme* » soigneusement encadré et frappé des armes de la chambre syndicale des débitants de tabac qui lui sait gré de 46 années de bons et loyaux services. Elle s'assoit donc, entame sa litanie des souvenirs comme on feuillette quelques pages d'un journal intime. Elle prend soin de ne citer personne. Sauf feu Maurice Lemaire, député des Vosges et ministre du général de Gaulle, qu'elle est fière de l'avoir eu occasionnellement

Madeleine et son zinc, lustré par des générations de coudes.

pour client : « *Il passait parce qu'il avait un copain, là, au-dessus* ». Et les autres clients ? « *Beaucoup d'ouvriers, des vacanciers, et puis un ou deux messieurs qui passaient par là* ». Les consommations ? « *Du vin, de la bière et du ricard essentiellement ; du whisky rarement, pour un client qui venait de temps en temps* ». Soudain, derrière d'épaisses lunettes, un rire s'échappe : « *Les canons que j'ai vendus... si je les mettais l'un au bout de l'autre, je ne serais pas loin de Paris !* ».

Cinq générations de commerçants

La salle du bar est tapissée comme une salle à manger. Les tables en formica, d'une époque incertaine, sont déjà assemblées dans un coin. Les chaises, d'un temps plus ancien encore, trônent sur les tables comme pour y laisser passer une dernière fois la serpillière des fins de soirée. Ou des dimanches dont midi sonnait en général vers 16 h. Le carrelage est d'époque, à peine fendillé. D'ailleurs, « *il n'y a jamais eu de bagarre ici* ». La vitrine des cigares, parfaitement propre et déjà à moitié vide, l'atteste aussi. Mais le roi des lieux, le mobilier en chef, c'est incontestablement le zinc qui... s'il pouvait chanter ! Nous entonnerait Aznavour. Je vous parle d'un temps que les moins de 20, 30 ou 40 ans ne peuvent pas connaître. « *Il était déjà là en 40* » précise Mme Gérardin qui, à 81 ans, est au centre de cinq générations de commerçants. Elle compte et recompte : « *Ma grand-mère, ma mère, moi, ma fille, mes petites-filles dont une est dans l'hôtellerie aux Etats-Unis. De l'autre côté du couloir d'entrée, elle tient aussi l'épicerie. Une belle et grosse balance, d'une marque sans doute déjà en faillite, s'impose sur un minuscule comptoir. Les rayons n'exposent que quelques boîtes de conserve, piles alcaline et bouteilles d'huile. Une épicerie en fin de vie. On devine les larmes. On les comprend tellement. Atmosphère, atmosphère... L'émotion l'a gagnée. Mais la très sympathique mamie n'a rien perdu en lucidité. Elle raccompagne son hôte sur le pas de la porte, se pose sur un rebord de fenêtre, juste sous la pancarte « A vendre »*, salue un voisin. Puis vous suggère, outre le chemin pour rejoindre Epinal, le titre du lendemain : « *Vous pouvez titrer bonne retraite Madeleine* ». Ben oui, bonne retraite Madeleine !

Vianney HUGUENOT

Avant Lydie, il y eut Madeleine, comme quoi, comme gazouillait Jean Ferrat, la femme est bien l'avenir de l'homme. Madeleine, dont le café, à l'écriteau encore en vie à l'entrée d'Etival, fut un de mes tout premiers sujets de journaleux lorsqu'elle plia boutique. (Article paru dans *l'Est Républicain*)

Un bistrot, un chat, voilà qui suffit en fait au bonheur. Chez Lydie à Etival

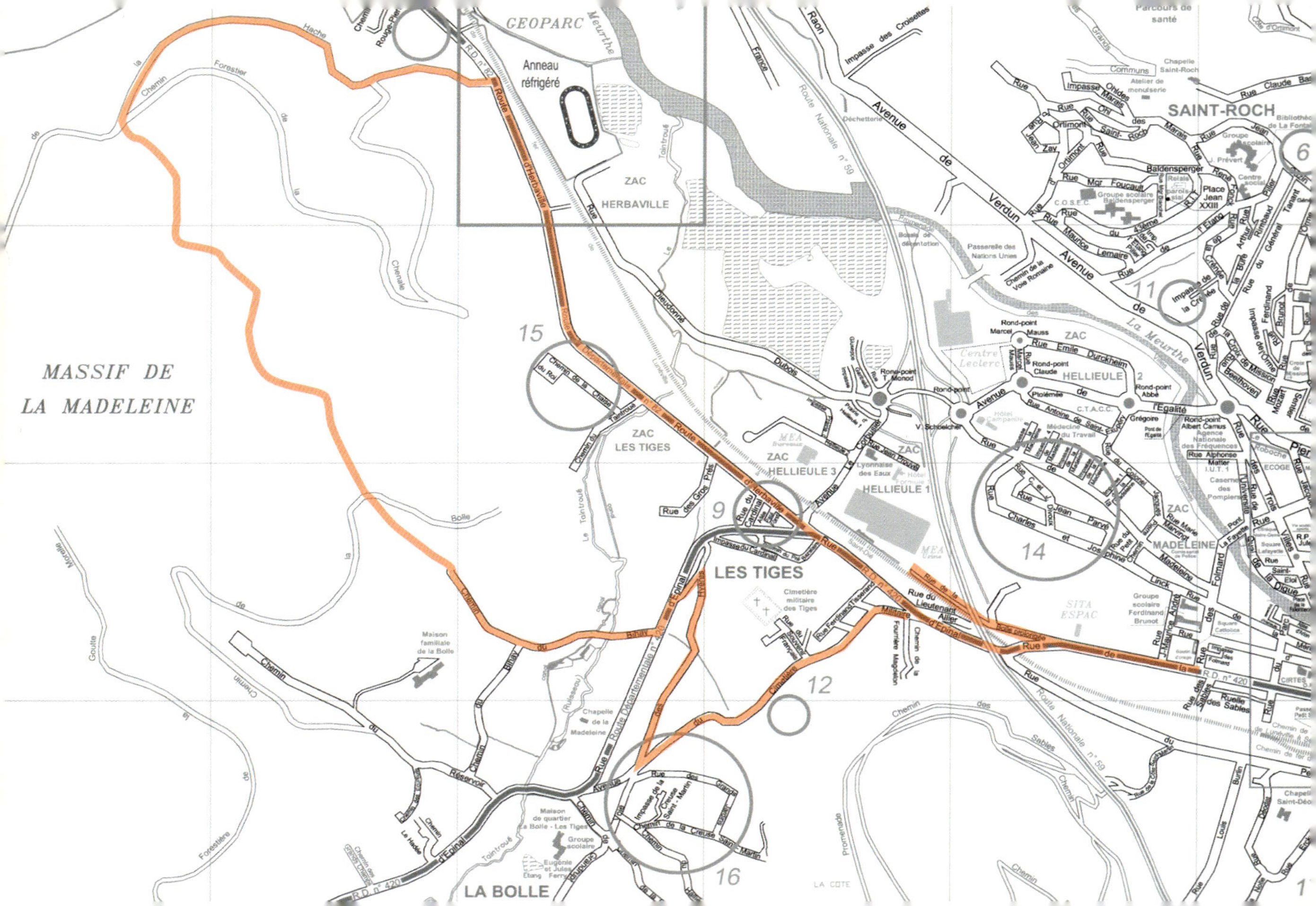
MASSIF DE
LA MADELEINE
GEOPARC
Anneau réfrigéré
ZAC HERBAVILLE
SAINT-ROCH
LES TIGES
LA BOLLE
ZAC LES TIGES
ZAC HELLIEULE 1
ZAC HELLIEULE 2
ZAC HELLIEULE 3
ZAC MADELEINE
Centre Leclerc
Route Nationale n° 59
Avenue de Verdun
Route Départementale n° 82
Route d'Herbaville
Route Départementale n° 420
Rue d'Epinal
La Meurthe
Cimetière militaire des Tiges
Maison familiale de la Bolle
Chapelle de la Madeleine
Maison de quartier La Bolle - Les Tiges
Groupe scolaire Eugénie et Jules Ferry
Groupe scolaire Ferdinand Brunot
Passerelle des Nations Unies
9
11
12
14
15
16
6

PARCOURS 8 /

«ESCALE»

2h45

Si vous êtes matinal, garez votre licorne sur un anneau de la rue d'Hellieule, la petite boulangerie rose vous rassasiera en croissants nature exquis, et puis sifflez-vous un crème à « L'Escale », au coin des rues de la Bolle et des Folmard, la serveuse est jolie. On me dit que ça ne se fait pas, dans un tel guide, de parler de l'esthétique de la débitante, que ça pourrait offusquer les autres tenancières dont je n'évoque pas la plastique. Je les rassérène ici promptement, elles sont pour la plupart savoureusement bâtissées et puis – il fallait que ce soit dit – ils, patrons, patronnes, serveurs, barmaid, sont tous (à une exception près, laquelle doit d'urgence fuir le zinc et regagner ses fourneaux), tous, je disais, accueillants et sympathiques. Même les râleurs, les ridés, les usés, les subconscients, les subclaquants, les faillitaires en puissance, ont le regard rayonnant. Ils aiment leur métier, leurs clients.

« Le Cardinal » by night

Donc, depuis « L'Escale », entamez la rue de la Bolle en direction d'Epinal, passez le pont des Tiges. Plus loin, rue d'Epinal, après la station d'essence, au croisement, sorte de patte d'oie handicapée, le Bar « Le Cardinal » est logé, classique, propre, agréable, très agréable même en terrasse pour qui veut faire un point sur les goûts automobiles en cours ou statistiquer les

Rue de la Bolle prolongée, un « cul de sac » visitable rien que pour ces grilles rouillées qui entrouvrent sur un jardin délicieux

A l'ombre d'un pom-mier, regarder pousse[r] les poireaux. Magnifiqu[e] programme.

chauffards qui grattent le rouge. Vous prendrez ensuite la route d'Herbaville où vous noterez que certains propriétaires, de ces petites maisons ouvrières en enfilade qui câlinent la voie ferrée, astiquent leur extérieur comme des chefs. La roseraie de l'un est digne de celle de Mitterrand, plus petite certes mais aussi bien soignée. Un autre a les thuyas découpés au millimètre, pas un poil ne dépasse chez cet arboriculteur, je suppute qu'il l'est ou le fut, je ne suis pas sûr, pas allé sonner, ou alors il est affuteur de cisailles chez Saint-Maclou évidemment.

Vous poursuivez, passez un petit pont, enjambez le Taintroué, laissez sur votre gauche le chemin de la Chaise du Roi, restez prudents, car quelques dingues du volant sont encore en liberté et vous êtes sur une voie qui n'est pas vraiment dédiée à la marche. Nous allons entrer dans le très beau massif de la Madeleine qui foisonne d'idées, de balades, d'idées de balades, de légendes aussi. Tiens, celle de la Chaise du roi : il y a dans ce massif « une énorme roche, haute de vingt mètres, large de quarante à la base, percée de trous comme un fromage d'Emmenthal. Cette roche appelée La Chaise du Roi, en souvenir de Charlemagne qui s'y serait assis lors d'une chasse à l'aurochs, est aussi appelée Roche du pas de l'âne » (5). On poursuit. Route d'Herbaville, prenez à gauche, près d'une pancarte indiquant le Chemin de la Hache. Entamez la grimpette. Par beau temps, cette forêt est idyllique, elle est même, sur la fin du parcours, vous verrez, bucolique. Vous grimpez donc, vous croisez un cueilleur de champignons qui me montre son panier garni comme un galopin exhibe en cachette le sac de tocs qu'il vient de ravir. Le gaillard est ravi, il en a des gros dans sa besace, de quoi réjouir l'omelette qu'on fait, je vous le rappelle, rarement sans casser d'œufs ni oublier le sel ni le poivre ni, car nous sommes in ze Vosges, le lard en tranches ou morceaux c'est comme ça vous chante. Au Carrefour de la Manufacture, prenez encore à gauche, vous allez bientôt fouler la route forestière De Bazelaire que j'accoutre d'une majuscule au « De » ne s'agissant pas là de la préposition utile à relier deux mots, simplement de la particule de Mon-

Voyez ce petit rond lumineux, sur le sentier De Bazelaire, c'est une cabine de bronzage bio.

Et voici la cabine gran format, idéale pour fa milles nombreuses e comités d'entreprise.

sieur. Le plus simple maintenant est de suivre les panneaux signalant la maison familiale *Cap France*, bel établissement, que je signale car bel il est en effet, et puis son patron est adjoint au Tourisme de la Ville et un petit coup de zèle n'a jamais zigouillé personne. Puis de suivre la route forestière du Bihay, qui vous conduira logiquement au Chemin du Bihay. Avant d'y arriver, vous allez découvrir ce qu'aucune autre forêt au monde ne développe à ce point : la cabine de bronzage bio. Il faut d'urgence déposer la marque. Je vous raconte le concept en deux mots. Pas un de nous n'a pas vu un jour de plein hiver rugueux où, fidèles comme la fleur à son champ, l'aube et le crépuscule se séparent si peu, apparaître une blonde pétillante, le visage embruni comme une reine d'Egypte. Passez-vous de ses balivernes sur l'héritage de pigments qu'elle a reçu de sa mère née dans un vol d'Air Antilles entre les Canaries et la Guadeloupe, la colombe a tout bêtement un abonnement à un salon de bronzage, ce genre de machins où l'on vous colle dans un sarcophage au plafond enduit de néons bleus. Ma cabine de bronzage bio consiste à soulager vos dettes et suivre mon parcours, dont la douce escalade du début n'a pour objectif que de faire perler à votre front une substance crémeuse créant un film qui, au contact du soleil, accélère le bronzage. Cette substance est appelée dans le baragouin populaire *sueur*, sorte d'écume de vos jours d'efforts ou d'émotions fortes. Vous voilà donc le visage dégoulinant ou, pour peu que vous abusiez la veille d'un quelconque alcool, déversant. Installez-vous dans un pré, comme celui-ci en bas de la forêt, avant le Chemin du Bihay, immense, immensément riche de fleurs, d'insectes, de silences, couchez-vous sous ce soleil qui cerne le paysage. Au loin, l'Ormont, majestueux.

Vous voilà bronzé, prêt à toutes les galéjades sur vos vacances en yacht, cabotin des abords d'une grande bleue à la plage coiffée de palmiers, poilée de chaises longues. Vous êtes rue d'Epinal, prenez-là, puis, tout de suite à droite, tentez cette toute petite rue, que j'ai testée pour vous, par hasard. Elle vous emmène, par la voie des Hyères puis l'avenue du Cimetière militaire, visiter le quartier des Tiges. Où vous admirerez un tilleul – il me semble que c'en est un mais n'étant pas spécialiste de la chose et me préservant des végét-experts prêts à me dégainer une demande de droit de réponse, je préfère m'abstenir d'affirmer – lequel « tilleul » est bien plus large et haut que celui de la cathédrale plus célèbre tout simplement parce que plus vieux et admiré (ceci n'étant apparemment pas une légende) de Louis XIV qui passait par là, lequel Louison (cela flirtant davantage avec la fable) grimpa ensuite sur les hauteurs de Saint-Dié, et admirant un jardin s'exclama en vieux français « mazétus qué bellus hortus », ou « ouh mazète le beau jardin », d'où le nom du lycée catholique érigé là, où votre serviteur vécut quelques magnifiques années. (27)

Nous nous égarons, revenons à la rue du Cimetière militaire. Vous le verrez et, si ça vous le dit, le visiterez, il est sur votre gauche, juste avant de redescendre sur la ville.

Il s'agit de « la nécropole nationale des Tiges, installée sur les lieux mêmes des combats et renfermant les sépultures de soldats français de toutes origines. A remarquer : le monument constitué par un bloc de granit du Mont-Blanc dressé en hommage aux chasseurs alpins des 11e et 51e bataillons. » (5). Retour par la rue de la Bolle. Et on libère de l'anneau sa licorne. Et on retourne, si le temps vous en donne droit, à « L'Escale » dont vous ne savez sans doute pas qu'elle portait autrefois le surnom de « Six Fesses ». Parce que tenue par trois femmes, qui « n'étaient pas revêches » me souffle un ancien, et que la nature avait naturellement dotées chacune de deux demilunes, trois fois deux faisant six. Ceci étant dit, au grand dam de l'éditeur, je bouscule in extremis le manuscrit afin de vous livrer les résultats de mon sondage, car j'avais un doute sur le lieu des tabourets sur lesquels ces fessiers campaient. Il semble bien – une toute petite majorité se dégage – qu'elles tabouretaient plutôt du côté de Robache et que ces « Six fesses » fanfaronnaient du côté de « la Culotte» (le col de la Culotte étant le petit nom du col des Raids). Voilà mon honneur d'historien sain et sauf.

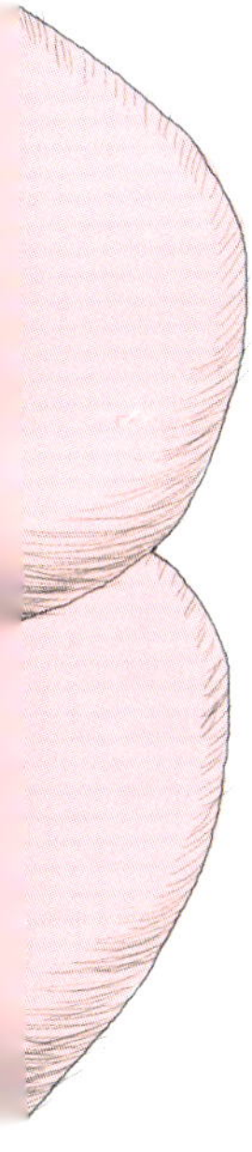

Charmante Escale

Il faut au moins ça pour dessiner le
Vosges. A l'entrée de Frémifontaine.

INCARTADE AUX ROUGES EAUX, BROUVELIEURES, FRÉMIFONTAINE, BRUYÈRES, LA HOUSSIÈRE.

Vous avez dégusté le Sylvaner de L'Escale, votre licorne s'est entichée d'une écuelle de flotte, la voilà prête à vous supporter pour la suite de l'aventure. Reprenez la rue d'Epinal, bifurquez au « Cardinal », à gauche ce coup-ci, direction Epinal, traversez le quartier de la Bolle, lentement, c'est limité à 50 et souvent « fliqué », pour rejoindre le col du Haut-Jacques, qu'on attaque juste après

L'auberge du haut du col est inloupable, le patron a une vraie conscience professionnelle et vous indique au moins six fois que vous n'êtes ni dans une boutique de lingerie ni dans une fabrique de chaînes de vélos, mais dans un bar, qui fait auberge aussi, bon repaire me dit-on.

l'hôtel-restaurant « Le Régal » dont je note, pour m'y lécher fréquemment les babines, l'excellente table qu'il est. Au col, une auberge du Haut-Jacques, avec mini golf. La louper révélerait de votre part, et j'en serais marri, une mauvaise foi impardonnable, le patron se donnant la peine de poser au moins six ou sept écriteaux avec « bar » marqué dessus. Emu d'une telle sollicitude à mon égard, je n'ai pu résister, me suis arrêté, au perfide prétexte que ma licorne battait de la corne, et, manque de bol, l'auberge était bouclée (jour de fermeture hebdomadaire je pense), me suis alors rabattu sur l'arboretum de l'autre côté de la route. Là aussi, vous saurez que la forêt vosgienne a ses Résistants. Un monument de grès vous le montre, un panneau de plastique à côté vous l'explique, vous raconte que cette région a été lourdement frappée par les guerres. Notez aussi que ce col vous ouvre plein de fenêtres sur des escapades sur le Kemberg et grimpettes sur la Madeleine (le massif).

On prend maintenant l'autre versant, rejoignant, d'abord, à cinq minutes en licorne, une petite route sur la gauche, sur la commune des Rouges Eaux, en bas du col. Route à découvrir pour sa forêt, et d'un, pour son auberge de « la Cholotte », et de deux, où François Mitterrand vint déjeuner en 1993 (il connaissait déjà cette région, ayant été fait prisonnier à Bruyères lors du second conflit mondial) et où son fils Gilbert venait ensuite régulièrement, et, et de trois, pour son superbe Haut-fer de Brouaumont que l'on peut gagner par là. Nous sommes dans la vallée de Marmonfosse, avec ses sentiers, ses forêts, ses fleurs, ses senteurs, ses légendes, encore et toujours. Pas loin de là, au col de Noirmont, le diable y aurait fabriqué de la fausse monnaie. Honnêtes hommes et femmes que vous êtes, vous allez ne pas y croire et retourner sur vos pas, reprendre la

420, direction Brouvelieures. Là, au restaurant « Les Myrtilles » (ça se dit « brimbelles » en vosgien), j'ai cligné de l'œil droit, vers Frémifontaine avec une halte, juste avant d'entrer dans la commune, à l'auberge de la Scégotte. Grande belle salle fraîche. J'opte pour la terrasse, avec le nez dans les arbres, et l'étang qu'on entend derrière. Un lézard lézarde sous les géraniums qui géraniument. Je cherchai à Frémifontaine, ce fut en vain, un bar. Juste suis-je tombé, rue de la source, sur une pancarte vantant «les vins du père Mathieu », ce qui suffit pour l'heure au bonheur de mon gosier. Cette bourgade est un charmant cul de sac. Il a l'allure. Car on rejoint Bruyères sans rebrousser chemin, par Pierrepont-sur-l'Arrentèle, où j'ai vérifié que le pont était bien de pierre et qu'il surtait bien la Tarrentèle. A Bruyères, je fis les comptes avec la serveuse du « Français », bar de la rue du Cameroun, de ce que cette ville, où naquit Jean Lurçat, « peintre de grand renom » (5), comptait encore de bars. Elle m'en annonça sept. Puis m'envoya vers son patron, pour une autorisation de photographier sa devanture et sa terrasse, d'ailleurs fort agréable, lequel patron m'expliqua le vache métier qu'ils font, lui et ses collègues. Alors j'en remets une couche, bien sûr, avec plaisir, je m'aiguise la voix, m'ajuste la craftouse et tapote le brailleur : Et pourquoi donc cette France qu'on aime a t-elle lancé tous les plans de sauvegarde de la terre, de l'industrie textile, des crustacés d'eau

A Bruyères, « Le Français » sert un bel accueil. Et son patron, comme quasi tous ceux de ce guide, grogne contre les empêcheurs de bistroter en paix.

A l'Auberge du Houx, à la Houssière

douce, des loups des crêtes, des darous, des grands tétras, des hérissons à poils ras, des fontaines en marbre, en fer, en bois, en grès, en eau, et pas un pour les bistrots ? A part l'incommensurable hypocrisie qui rode sur les bureaux des décideurs, je ne vois pas de réponse à ma question.

Le boss du « Français » me disait combien l'attrait d'un bar tient aussi dans l'animation qu'il crée, il parlait des concerts et de ce qu'ils charrient aussi d'ennuis, avec les voisins, les mairies. A l'autre bout de cette rue, Bruyères a aussi sa place Stanislas, pas aussi grande et réputée que la nancéienne, mais qui n'a pas à rougir avec son élégant kiosque rouge à musique et son « Petit Stan » et son « Point central », deux bars qui dansent la bourrée côte à côte, deux cinémas plein air visionnant ce jour, comme tous les autres, un rond point passant, avec en son centre la Dame de Bruyères, une magistrale sculpture d'acier qui, les 1844 trous aidant (on peut donc dire aussi la Dame de Gruyère), projette le visage d'une femme.

Je licornais à nouveau ma monture, direction Champ-le-Duc, La Chapelle, Laveline, Les Poulières, Biffontaine – passez-y lentement, admirez délicatement cette belle campagne française – jusqu'à La Houssière où je ne fus pas déçu du crochet. C'est tout simple, c'est héroïque. Le bar, qui fait aussi et surtout auberge, et même cantine pour les gamins de l'école, est décoré avec goût, mieux, avec le goût du bon temps. Un bar-musée que cette Auberge du Houx, où vous trinquerez sous l'œil de patrons dont on sait en entrant qu'ils aiment ce qu'ils font et qu'ils le font bien, entre les bibelots d'époque, les vieux outils, la superbe cuisinière, unique parce que le tuyau vote à gauche (ils sont en général enracinés à droite), de fabrication Manuvos (entreprise toujours en vie à Saint-Dié), et puis un Louis-Philippe, une étagère à clés sans clou, une horloge en formica jaune, comme tirée d'un de ces buffets qui ornaient les années 70. Ce bar, il faut le boire pour le croire.
Nous repartons. Vers Vanémont, d'où vous descendrez pour vous rendre à Taintrux, l'une des plus grosses communes de la Déodatie qui bizarrement est démunie de comptoir. Taintrux est à deux trots de Saint-Dié-

des-Vosges. Vous repérerez le bouclage de la boucle à l'embranchement où nous sommes passés tout à l'heure, là où « Le Régal » sied, approprié pour faire les niveaux. Votre licorne vous en sait déjà gré, je parie. Et puis prenez soin d'elle, vous n'êtes pas loin de la SPA. Il n'est pas interdit de s'y arrêter pour déposer un appui, en chèque ou liquide, elles – c'est une équipe de femmes qui gère le refuge – le valent bien.

Et voici la Dame de Bruyères – ou de gruyère, c'est selon votre humeur – qui fait de l'œil aux piliers du « Petit Stan » et du « Point central ».

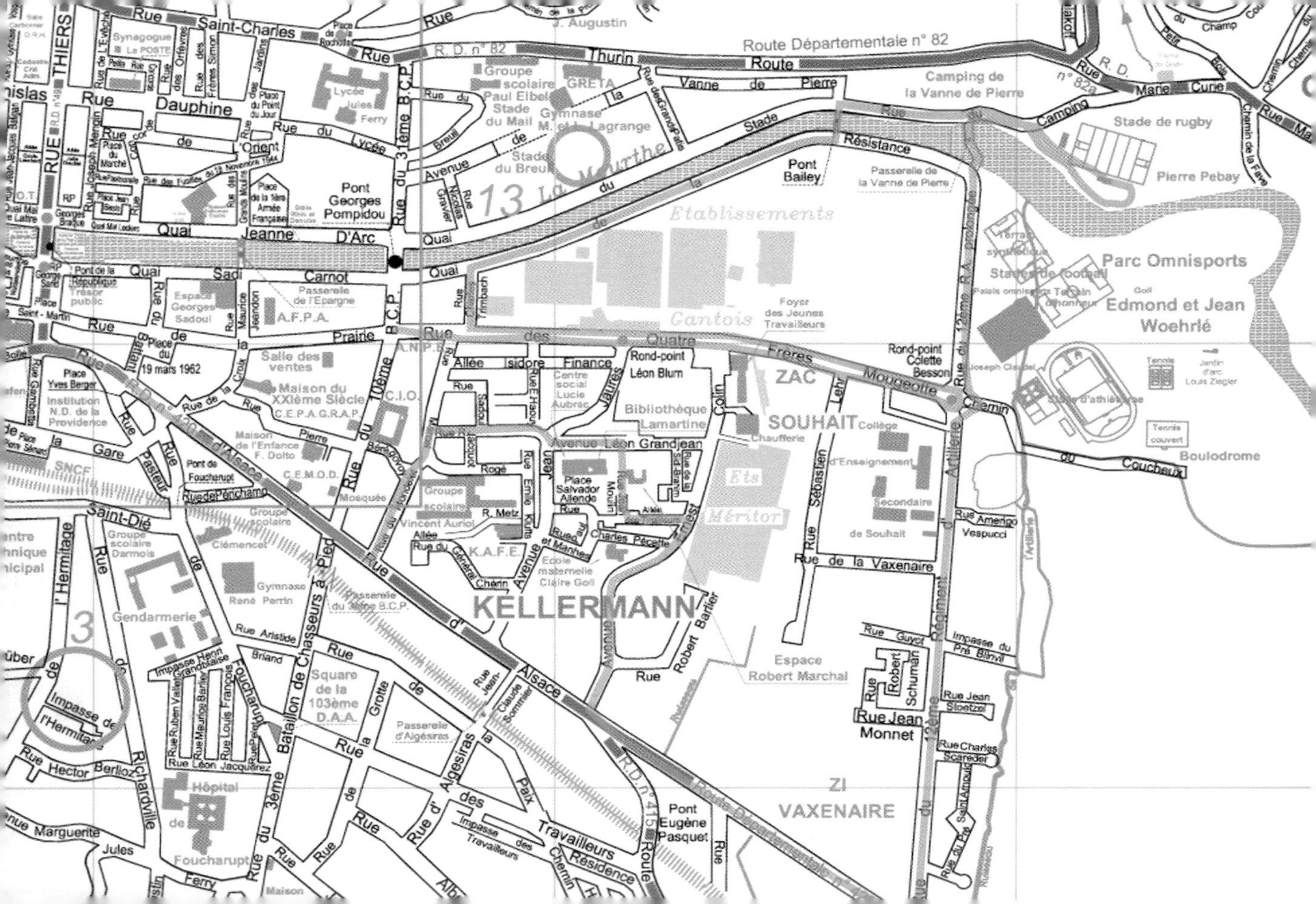

Route Départementale n° 82
Rue Thurin
Route
R. D. n° 82
Rue Saint-Charles
Synagogue
La POSTE
RUE THIERS
Rue Dauphine
Rue du Lycée
Lycée Jules Ferry
Rue du 31ème B.C.P.
Groupe scolaire Paul Elbel
GRETA
Stade du Mail
Gymnase M. et L. Lagrange
Stade du Breuil
Avenue de Vanne de Pierre
Rue des Grands Pâtis
Camping de la Vanne de Pierre
Rue Marie Cune
R. D. n° 82a
Stade de rugby
Pierre Pebay
Chemin de la Fave
Rue du Camping
Rue du Stade
Rue de la Résistance
Pont Bailey
Passerelle de la Vanne de Pierre
13 La Meurthe
Pont Georges Pompidou
Quai Jeanne D'Arc
Quai Sadi Carnot
Quai
Rue Nicolas Gravier
Etablissements Gantois
Rue Charles Trimbach
Rue du 12ème R.A. prolongée
Parc Omnisports
Edmond et Jean Woehrlé
Golf
Palais omnisports
Terrain d'honneur
Stade de football
Stade d'athlétisme
Tennis
Tennis couvert
Jardin d'arc Louis Ziegler
Boulodrome
Chemin du Coucheux
Foyer des Jeunes Travailleurs
Rue des Quatre Frères Mougeotte
Rond-point Colette Besson
Joseph Claudel
Place du 19 mars 1962
Rue de la Prairie
Passerelle de l'Epargne
A.F.P.A.
Espace Georges Sadoul
Trésor public
Pont de la République
Rue de la Croix
Salle des ventes
Maison du XXIème Siècle
C.E.P.A.G.R.A.P.
Rue du 10ème B.C.P.
A.N.P.E.
C.I.O.
Allée Isidore Finance
Centre social Lucie Aubrac
Rond-point Léon Blum
Bibliothèque Lamartine
Rue Colin
ZAC SOUHAIT
Chaufferie
Collège d'Enseignement Secondaire de Souhait
Rue Sébastien Lehr
Rue de la Vaxenaire
Rue du 12ème Régiment d'Artillerie
Rue Amerigo Vespucci
Avenue Léon Grandjean
Place Salvador Allende
Rue Jean Moulin
Rue Charles Pécelle
Ets Méritor
Rue Emile Kuhs
Rue Rogé
Groupe scolaire Vincent Auriol
K.A.F.E.
Avenue Jean et Manhes
Ecole maternelle Claire Goll
Rue du Général Chérin
Avenue Ernest Colin
KELLERMANN
Rue Robert Barlier
Espace Robert Marchal
Rue Guyot
Impasse du Pré Binvil
Rue Robert Schuman
Rue Jean Monnet
Rue Jean Stoetzel
Rue Charles Scareder
ZI VAXENAIRE
Institution N.D. de la Providence
Place Yves Berger
Rue de la Gare
SNCF
Rue Pasteur
Pont de Foucharupt
Rue de Périchamp
Rue d'Alsace
R. D. n° 420
Maison de l'Enfance F. Dolto
C.E.M.O.D.
Mosquée
Groupe scolaire Clémenceau
Groupe scolaire Darmois
Gymnase René Perrin
Gendarmerie
Passerelle du 3ème B.C.P.
Rue du 3ème Bataillon de Chasseurs à Pied
Rue Aristide Briand
Square de la 103ème D.A.A.
Rue de la Grotte
Passerelle d'Algésiras
Rue d'Algésiras
Rue de la Paix
Rue Claude Sommier
Impasse des Travailleurs
Rue des Travailleurs
Chemin de la Résidence
Route Départementale n° 415
R.D. n° 415
Pont Eugène Pasquet
Rue Saint-Dié
Rue de l'Hermitage
Impasse de l'Hermitage
3
Rue Hector Berlioz
Rue de Richardville
Rue Marguerite
Hôpital de Foucharupt
Rue Léon Jacquerez
Rue Louis François
Impasse Henri Grandblaise

PARCOURS 9/

«PITCH -OULI»

1h30

Comme ça passe vite, nous voilà déjà au dernier parcours que je vous propose d'entamer au « Times », dont je vous dis deux mots dans le parcours 4, anciennement « Café des Sports », à l'angle des rues du 10e BCP et des Quatre Frères Mougeotte. Cette longue avenue est un cours d'Histoire. Elle est baptisée en hommage à quatre jeunes Résistants, Joseph, Louis, Henri et Jean Mougeotte, assassinés par les Nazis. Elle est celle qui abrite l'entreprise Gantois, de tissage métallique, un des fleurons de la grande industrie lorraine (et ce n'est pas rien sur ces terres laborieuses). Au rond-point Léon-Blum, levez les yeux et remarquez la tour d'angle de Gantois, frappée du rhinocéros qui escorte depuis des décennies la devise du métallurgiste : « Ma corne s'y brise ». A quoi donc ? A ces grilles solides et mondialement réputées, à tel point que ce site pratiqua récemment – fait hélas rare – la dédélocalisation, rapatriant à Saint-Dié des machines parties manœuvrer en Roumanie sans doute pas pour les beaux yeux de la Drakulette. Cette avenue souligne aussi une grande partie de l'Histoire militaire de la ville, qui fut de garnison, les 3e et 10e bataillons de chasseurs à pied logeant ici, dans les casernes Cherin et Kellermann. Plusieurs familles, après la guerre, y élurent domicile jusqu'au début de l'édification du grand quartier de Kellermann, à partir de 1965. Et puis, avec son Palais omnisports en bout, l'Histoire sportive de la ville traînaille aussi sur ces lieux, lequel palais reçut quelques stars, Platini, Noah, Bubka, Parker. Vous pouvez revenir sur quelques-uns de vos pas, pour prendre la petite rue Charles-Trimbach qui vous relie au quai de la Résistance, longeant la

Entre les deux, une belle centaine d'années sont passées là, devant le Café Husson, puis des Sports, puis Time's.

Bien au-dessus de cette vieille sonnette Gantois (qui a, depuis, disparu - PA), la tour d'angle frappée du rhinocéros, symbole de ce métallurgiste à la main d'œuvre prestigieuse.

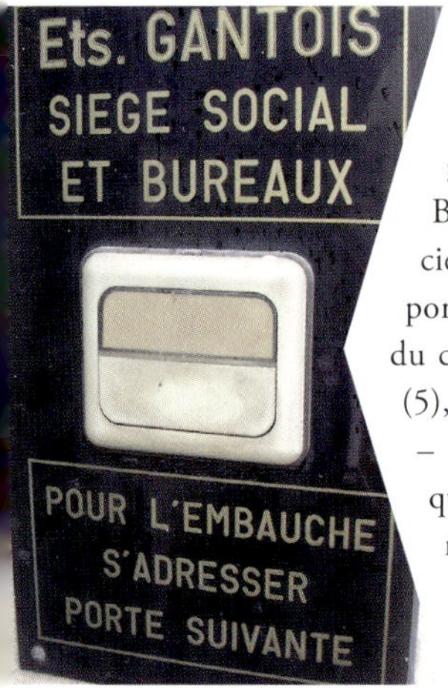

Meurthe. Belle balade où les canards vous accoincoinpagnent jusqu'au pont Bailey, « que les anciens appellent encore pont Vincent, du nom du café le plus proche » (5), Bailey étant anglais – je me doutais bien que l'ingénieux n'était ni Slave ni Berbère – prénommé Donald, inventeur de ces ponts « qui contribuèrent de façon déterminante à la victoire alliée » (5). Faites alors un crochet par l'île Jean-Jacques Rousseau, et si vous les avez, les crochets, posez là vos sacs pour un déjeuner sur l'herbe. Il y a des tables aussi. Quoi qu'il en soit, vous y êtes bien. Une annexe du paradis ! Pour le pousse, poussez jusqu'au « Café de la Vanne de pierre », dépendance du camping, ou jusqu'à la « Ferme de Gratin », cinquante mètres au-dessus, qui, me dit-on, je l'ignorais, mais comme dit le marquis de Vauvenargues, « il ne faut pas juger d'un homme par ce qu'il ignore mais par ce qu'il sait », celui qui vous cause sachant que, paraît-il, à ladite Ferme, l'on peut y boire un verre sans y voir l'assiette.

Longez la Meurthe, bellement canardée, sur le quai de la Résistance

Retournons maintenant de l'autre côté de la rive, par la passerelle de la Vanne de Pierre, conçue et réalisée par des enseignants et étudiants du lycée Georges-Baumont, lequel Georges écrivit un « Saint-Dié-des-Vosges, origines et développement » dont je vous conseille la lecture et la conservation dans vos rayons. Nous sommes au bas de la longue rue du 12e Régiment d'Artillerie, que nous remontons jusqu'à Sainte-Marguerite, non sans avoir stoppé au « Lounge Bar », coincé entre une boulangerie et un vendeur de cuisines, un bar-salon, pour parler français, ce qui par les temps qui courent trop vite n'est que trop négligé. Un peu plus haut, sur votre droite, vous zieuterez ce tracteur posé comme une enseigne à l'entrée de « La Pataterie ». C'est fou comme l'ancien-tendance-terrien, par la grâce de quelques

Chez Ganto
Photo Antonin Borgeau
Publiée avec l'aimable autorisation de la Société Ganto

voici les canards, en été, entre l'île Jean-Jacques Rous-
au, sorte d'annexe du paradis sur terre, et la Vanne de
erre qui marquait « le début d'un canal alimentant en
u tout un quartier industriel ».

gourous du marketing, redevient en mode. Il faut tout de même, c'est un conseil d'ami (nous le sommes un peu maintenant), aller au-delà de l'affiche et vérifier la traduction dans l'assiette. Allez-y. Au rond-point, où se dressent encore quelques cités ouvrières « aux toits à demi-croupe, typiques de la région » (5), redescendez la rue d'Alsace, que se partagent les communes de Saint-Dié et Sainte-Marguerite, une rue sur laquelle vous pouvez, sans forcer, passer une journée entière. Il y a de quoi éponger toutes vos soifs. Les rustres et terrestres, sur plusieurs bars. J'y viens. Celles de culture, d'architecture notamment, aussi. Par exemple, au 79, où vous verrez de l'extérieur, car propriété privée, quatre chouettes vitraux, de style Art Nouveau. Ou au 74 bis : une large bâtisse, qui abrita la mairie de 1944 à 1958, rappelle « les villas construites au XVIe siècle par l'architecte vénitien Palladio » (5). Ou encore plus bas, au 21, une magnifique demeure de style Art Nouveau (25), édifiée par le Docteur Weiller, père de Madeleine, épouse de Léo Lagrange, ministre du Front Populaire.

Et puis en face, au 32, campait là « Le lion d'or », une auberge qui accueillit souvent « l'écrivain populaire Emile Erckmann, client fidèle de 1872 à 1881. Il trouva à Saint-Dié-des-Vosges le sujet de plusieurs de ses œuvres » (5). Emile, Erckmann, était l'ami d'Alexandre, Chatrian. D'où les nombreuses rues, dont une à Saint-Dié-des-Vosges, indiquant « rue Erckmann Chatrian », beaucoup croyant ainsi que d'un seul bonhomme il s'agissait, les plus éventés certifiant même qu'un maire de la ville

Presque réfugiée place Saint-Martin, la très belle « Pitchouli », à la décoration antiquaire, remarquable, et à la carte des vins qui ne l'est pas moins.

avait eu l'idée saugrenue de baptiser une de ses allées du nom d'une marque de pneu, comme s'ils ne savaient pas que Raphaël Good et Mickaël Year n'ont jamais été gonflés au point de fabriquer des savonnettes, pas plus que Roger Miche et Adrienne Lin n'abandonnèrent leur usine de torchons à pains pour se lancer dans l'aérophagie industrielle. Que ce soit dit.

Mais je m'égare. Remontons la rue d'Alsace jusqu'à l'une des entrées du quartier de Kellermann, par l'avenue Ernest-Colin par exemple. Dans ce coin (c'est au 85 de la rue d'Alsace), siégeaient des ateliers de construction d'aéroplanes, car Saint-Dié et ses environs, dont Saulcy-sur-Meurthe où naquit « l'As des as » René Fonck, étaient dans ce domaine assez pilotes. Dans ce coin, vous dégoterez aussi le « Bistrot du marché », intégré à l'Intermarché, que je signale, comme j'aurais pu le faire dans le parcours 7 à propos de la « Taverne de Maître Kanter », elle, intégrée à l'Edouard, car il a une vraie vocation sociale, utile pour qui veut ne pas faire les courses au pas de charge, les arroser d'un café pour se filer du coeur à l'ouvrage, le cas échéant d'une Suze pour fignoler la ruée. Donc par l'avenue Ernest-Colin vous entrez dans ce quartier, récemment rénové, et en sortez par exemple par la rue du Mondelet, par « L'Eldorado », un bar et épicerie-tabac-jeux-journaux, bel exemplaire du ravitailleur de quartier et que phare une immense bouteille de blanc, d'Alsace évidemment, puisque rue d'Alsace nous sommes à nouveau. Cet établissement a été longtemps tenu par une des figures de la ville, une vraie, grande et belle gueule, un Gaulliste comme on n'en fabrique plus, Jean-Jacques Bockel dont je me plais à saluer le personnage – oui, c'est cela, le personnage – eu égard aux quelques ballons aspirés ensemble. A quelques bulles de là, le « Caffe Diem » – je vous rappelle que nous sommes revenus rue d'Alsace et m'excuse de ce parcours un peu emberlificoté – dont on m'a dit grand bien, puis, de l'autre côté, « Le Cherrys' bar », anciennement « Taxi bar », avec en son fond un espace pour concerts. Son patron, jeune homme sympa, appuyé au chambranle, m'expose les soucis de ses collègues et les siens. Son petit bar survit, face aux crises, aux désespoirs, aux vieillesses ennemies, comme tant d'autres. Faites donc fi de vos aprioris et rendez-lui visite, vous verrez, en entrant, sur la gauche, près d'une armée de verres en attente de commandements, la vive pancartette en émail jaune. « Il vaut mieux être bourré que con, ça dure moins longtemps » maxime t-elle. Ah oui, pas con. Sauf quand s'y collent les cumulards, de l'essence des cons-bourrés prenant le guidon de leurs brancards à pétrole.

Chers amis, je vous quitte là, un peu plus bas, à « La Pitchouli », entre de bonnes mains, sans doute parmi les meilleures de la région. Remontez quelques instants au parcours 4 pour y boire mes commentaires sur ce très beau bistrot, de ceux qui ne me font pas regretter d'aimer les bars et de le dire, au risque d'être taxé de je-ne-sais-quoi (désolé, je n'ai plus de monnaie !).

La beauté et l'âme de ce bar doivent sans doute beaucoup à ceux qui le gouvernaient du temps où il se blazait et s'exclamait « Le Point central » : Delphine et Louis, les parents de l'artiste Pierre Didier, ainsi que Margot et Fernand Contini, soeur et beau-frère du même Pierre. Ceci est trop long à vous expliquer mais c'est un peu par hasard que je conclus ce livre avec eux. Un hasard magnifique mais, je le confesse ici devant un vin marocain ma foi parfaitement comestible, tout à fait scandaleux. Comment ai-je pu oublier ?

)ans ce « Point central » du bas de la rue d'Alsace, ouvert de 1945 1968, surprenant et superbe point de rencontres d'intellectuels, 'artistes, de notables, de travailleurs aussi, l'endroit bien que huppé isant dans la simplicité, a défilé un impressionnant morceau des ars du music-hall des années 50 et 60. Ici, la dédicace de Fernand aynaud. Brel, Dalida, Bourvil, Sylvie Vartan, Tino Rossi, Eddy Iitchell, Claude François y sont entrés. « Seul Brassens n'est pas :nu à la maison » raconte l'artiste-peintre Pierre Didier, fils, frère beau-frère des quatre gouverneurs du lieu.

Imaginez Sade taire les vertus du libertinage, Voyez Brel contourner Vesoul, De Gaulle survoler Londres sans sourciller du pif, Danton manquer d'audace, Daudiard de bons mots, Blondin de vessies... Imaginez un livre sur les bistrots déodatiens sans rouvrir les portes de cette annexe de music-hall du bas de la rue d'Alsace, « Le Point Central », qui reçut plus que Drucker un jour espéra dans ses rêves : Dalida, Eddy Mitchell, Enrico Macias, Claude François, Sylvie Vartan, André Bourvil, Fernand Raynaud, Jacques Brel, Marcel Amont, Tino Rossi, qui en bouffa des escargots, Luis Mariano, Annie Cordy,

Avant « La Pitchouli » se tenait le bar « Le Poin central », ici en 1964 avec en arrière-pla Fernand, et en arrière arrière-plan un tablea de Pierre Didie Photo reproduite ave l'aimable autorisatio de Margot et Fernan Contini

Les Compagnons de la chanson, Richard Anthony, Franck Alamo. « Seul Brassens n'est pas venu à la maison » me dit Pierre Didier, dont les parents, sa maman surtout, avaient au sortir de la guerre, leur « Grande taverne du marché » détruite par les bombardements, racheté « Le Point central », fonctionnant d'abord avec quelques bouteilles de Cognac des Américains, avant de briller pendant plus de vingt ans. En 1965, et je m'arrêterai sur cette anecdote qui vaut tous les épilogues – et sur un salut sincèrement ému à Delphine, Louis, Margot et Fernand – en 1965, donc, Bourvil est à la gare de Saint-Dié, tourne une scène des « Grandes Gueules », et, sur les conseils de Pierre Noël, maire alors, va frapper au « Point central » pour y dîner et rencontrer Pierre Didier. Le restaurant est bouclé. Delphine ouvre quand même. Tombe sur cet André que beaucoup décrivent comme un être délicieux. Derrière des volets clos, ils tête-à-têtent autour d'une omelette.

Hasta Luego.

A « La Pitchouli ».

INCARTADE À STE-MARGUERITE, PROVENCHÈRES/FAVE, COLROY-LA-GRANDE, LUBINE ET SAÂLES

Un peu rapide en besognes, j'oublie qu'il faut avant de nous quitter que je vous conduise vers Saâles, aux portes de l'Alsace. N'hésitez pas, en y allant, à vous arrêter à Sainte-Marguerite, où trois bars allument la bourgade : « Le gaulois », dont je ne peux certifier qu'on peut y boire un verre sans y grailler mais dont je peux dire que la terrasse est cordiale ; bien sûr, aussi, le grand PMU près de la mairie, le « Jet 9 », sorte de supermarché de la bistroterie où vous y trouverez à peu près tout, de quoi plomber, ou gonfler, votre porte-monnaie au tiercé, de quoi vous astiquer la façade en terrasse, de quoi, aussi, disserter en paix en fond de salle, d'une salle escortée, presque de A à Z, d'un long zinc, dix à quinze mètres peut-être. En partant sur Strasbourg, stoppez au « Cheval Blanc », quatre papys tapent la belote là. Une ambiance délicieuse vous envoûte, un truc à la Raimu, dans une salle jouxtant un Routier où j'entends couiner *Les Feux de l'amour* à la télé. J'engloutis un jus d'orange, oui, car la route je prends, vers Raves, puis Provenchères où, un peu comme Taintrux, grosse bourgade, un vrai bistrot manque. Il y a, c'est sûr, « La girafe », frimant entre les deux épiceries de la place, et sa vue impeccable sur l'église et son toit de bois, mais d'abord restaurant.

A la sortie de Provenchères, vous pouvez, avant d'ingurgiter le col, bistourner vers Colroy-la-Grande, il y a un petit bar, dans un virage, le « Café de la Fave ». Il y a bien longtemps que je n'ai pas flirté sous ses parasols. Il m'est arrivé de me coller près du billard qui envahit la salle. Je ne saurais dire à vrai dire si ce bar est bien, il est indispensable, voilà tout. Et avant de retourner vers Saâles, poussez donc jusqu'à Lubine, une commune qui n'a rien du manchot puisqu'un bar, sur la droite, vit toujours là. Quelque chose d'immensément séduisant, me disent ceux qui ont le bonheur de le fréquenter. Sa tenancière est, on dit, à l'image de sa boutique, authentique.

Enfin, nous voici à Saâles (en ayant rebroussé chemin). A gauche en entrant, la brasserie artisanale, accueillante, où même les détracteurs du houblon s'y plairont. Je n'ai pas voulu moucher le gargotier et une fermentation d'orge et fleurs de houblon me suis commandé. Pour la lie, me suis rabattu sur le très joli « Café de l'Europe », plus loin. Sincère. Une patronne charmante, « vieille France », vous sert le godet en terrasse, sous l'oeil d'une « épicerie-alimentation » et d'une vieille devanture attenante, aux rideaux fermés, rouillés, devenus comme le cadre d'un tableau d'un Monet bien urbain. Puisque vers Saint-Dié-des-Vosges, forcément, vous redescendrez, avant la capitale arrêtez-vous à la Ferme-musée de la Soyotte, à Sainte-Marguerite, avec « ses 7000 objets pour retrouver l'ambiance de la maison de grand-mère » (26). Elle vaut l'écart. Et même si des affirmations les conclusions ne sont pas toujours copines, je vous le dis tout dru.

Ce coup-ci, Salut.

A la brasserie artisanale de Saâle
accueillante, où même les détracteu
du houblon s'y plairon

Bonus /
UN SKÉ PARCOURS À GÉRARDMER ET SA SKÉE INCARTADE À CHAMPDRAY

Vous allez me dire « Les compagnons de la chanson »... Oui, ça fait trois fois que je vous fais le coup de la conclusion ! Celle-ci, géromoise, est la bonne. C'est tout bête, dans ma petite tête turlupina quelques jours avant le bouclage de l'ouvrage l'idée qu'un parcours dédié à Gérardmer, outre qu'il ravirait ma mère et sa longue fratrie élevées sur la perle des Vosges, plairait à mon éditeur et moi avec son dix-millier d'acheteurs-lecteurs potentiels en plus. C'est dit.

Je me suis donc garé un beau matin de septembre sous le tilleul familial, rue du Xetté, à ne pas confondre avec les Xettes, sur le versant d'en face, comme on ne confond pas, please, la prononciation de Gérardmer – qui ne se dit pas Gérarmêêêre mais Gérarmé – avec celles de Longemêêêre ou Retournemêêêre planquées dans la banlieue mais se disant bien à la parisienne avec plein d'êêêre dans le gazouillis. C'est dit aussi.
Il y a un rond rouge sur un poteau d'EDF traînant là, indiquant une balade dont vous me direz des nouvelles, merci, puisque je ne l'ai pas faite. Je n'étais ce jour-là pas équipé en tong des bois ni en temps suffisant. Je suis parti par un petit chemin, pour rejoindre le lac, un chemin de terre où musent des paquets de souvenirs d'enfance. Le plus sucré pointe en bas, désormais une auto-école mais à l'époque de mes cinq à dix ans « chez la Guiguitte », l'épicerie qui nous rassasiait en bombecs de toutes les couleurs.

Vous traversez ensuite la rue du 152e R.I., prenez le chemin des pêcheurs – je ne saurais vous dire s'il s'agit des éleveurs de pêches et brugnons, des collectionneurs de gnons, de péchés capitaux ou de canne à pêche – vous apercevez le lac au loin et sur votre droite la belle Brasserie géromoise. On n'y fait pas que boire et manger, ici on fabrique aussi, la bière, « La Géromoise ».
Rapide passage près du lac dont le charme, en ce mois de septembre grisâtre et déserté, prolifère et lève plus vite qu'en juillet et août. C'est émouvant ces villes touristiques sans touristes, comme un chapiteau qu'on s'apprête à démonter. Fermez le ban, rangez les chaises, le dernier est prié d'éteindre la lumière.

A côté du lac, il y a le casino, près du casino, le parc, dans le parc, le kiosque à musique, près du kiosque, l'avenue de la ville de Vichy, en bas de l'avenue, « Le Neptune », dans « Le Neptune », des chaises, sur les chaises des assoiffés, tout cela m'a l'air d'un bar. Il est bien. Pas tout à fait mon genre, trop grand, trop moderne, trop machine à touristes, mais il est bien, et puis vous verrez, vous pourrez y commander l'exquise tarte à la myrtille, ou celle à la mirabelle.
Plus haut, sur cette voie vichyssoise, matez « le Ské bar ». C'est quoi ça, un ské ? Que je demande au garçon, un jeune type habillé en rouge, mal rasé et sympathique. L'intérieur est rouge aussi, presque comme la

porte plantée au milieu de la terrasse et qui fait panneau d'informations. Il me répond : « C'est quelquechose d'indéfinissable ». Un kekchose, quoi. Comme ce ské guide qui n'a ni queue de poisson ni tête de veau. Bref, « le Ské bar », à voir.

De là, remontez la rue du lac, jusqu'à la boutique de Madame Parisot. Presque en face, une très vieille et belle bâtisse, bardée de bois à l'ancienne, magnifique. Direction maintenant le centre-ville où vous atteindrez en trois coups de semelle la grande Place du tilleul. Crochet indispensable vers le fond de la place. Le bar-restaurant « Aux p'tis Boulas » va vous agiter tous les sens. L'odorat, et d'un. Je m'y suis pointé aux heures de midi moins peu. Délicieux. La vue, et de deux. Tout ou presque est de bois, joliment peint comme un plat alsacien. L'ouïe, et de trois. Car p't'être ben que oui que la caboche de l'apprenti l'est aussi, en bois. Je ne voudrais pas m'avancer mais en tout cas, sous l'effluve de l'office, la voix du patron qui l'engueulait couvrait très largement le clac-clactis du hachoir torturant le persil. Ambiance. Délicieuse aussi. Allez-y.

Je vous rapproche maintenant du coeur de la ville, que le superbe carrousel, superbe oui, semble désigner, et pas loin, du bar « La ruelle », blazé ainsi parce que pavé de long en large et donnant l'idée, presque réelle, d'une minuscule rue dont les sièges en terrasse sont bons, je veux dire accueillants, dimensionnés pour agréer l'intégralité d'un fessier sans en laisser des bouts dégouliner entre et sous les barreaux de chaise. Je le dis pour décourager mes amis bistrotiers qui ne pensent pas à ce détail et col-

Aux Copains d'abord, Corinne pilote le bastringue.

lent sous nos postérieurs des trucs frêles et bancales. Une bonne bergère, c'est l'assurance d'un client qui se sent bien, qui s'attarde, qui papote, qui consomme. Pour ne rien gâcher à ma pause en ruelle, le hasard, pas si incapable voyez-vous, m'a posé en voisin, dressé juste derrière moi sous un jean's bleu clair, l'amical postère d'une postière.

Bougez (avec La Poste, si vous voulez) et poursuivez la rue Charles de Gaulle, vous côtoierez plusieurs bars où je n'ai pas eu le temps d'aller licheter mais je ne doute pas qu'ils sont dignes des lignes de ce ské machin de guide. Je suis allé plus loin, les odeurs et rumeurs du marché me faisant de l'oeil. Après l'église, arrêtez-vous donc au « Bar des Vosges ». C'est de l'or en barre cette taverne. Petite, pas mesquine. Galante, pas pimbêche. La gouaille du patron, qui comme tout bon patron de bistrot a des avis sur à peu près tout dans le monde, devrait être payante. Entre deux commentaires, fermez les yeux, la Provence du nord est là, à vos pieds. Et sous les tableaux de Jean Grossier, les cartes d'une belote de la veille trônent près d'un papier froissé où six colonnes de chiffres jouent des coudes.

Il est midi à l'horloge de l'église, qu'une des peintures de Jean Grossier a d'ailleurs oubliée, c'est le patron qui me l'a cafté. Fuitez maintenant par la rue de la République, pour rejoindre le boulevard Kelsch. Au numéro un, « L'Epicur'vin ». Vous allez dire que j'insiste mais les sièges de bar ici – cuir noir confortable, haut, suspension silencieuse, petite barre très design et pratique, ce qui ne va pas souvent ensemble, pour retenir les talons et reposer les pieds – sont parmi les meilleurs que j'ai frottés dans ma riche et longue carrière de pilier. Bar classe. Evidemment intéressant, et même incontournable, pour les amoureux du vin. Il y a de tout, de belle qualité. J'ai testé un Jura rouge, grandiose, puis un Bourgogne blanc, parfait, tous servis dans de grands et beaux verres de dégustation. Oui, autre détail qui n'en est pas un : les récipients. Quel bonheur que de ne pas boire le nectar dans des timbales en gobelet ou des verres à moutarde sortis crasseux d'un improbable lave-vaisselle. Et puis Olivier, le patron, casquette sur l'entête, vous découpe sur le champ quelques tranches d'un saucisson – pas de l'étron en tube – classement alignées sur des bribes de cornichons et cubes de fromage à l'ortie.
Sur ce même grand boulevard, juste avant d'aller flâner à « l'Epicur'vin », posez-vous au « Grattoir », un bar très musicos, tendance bio (c'est un lieu de distribution de paniers d'AMAP, Association de Maintien de l'Agriculture Paysanne), que je n'ai pas eu le plaisir d'examiner mais dont ma soeur Bénédicte, mignonne infirmière géromoise, m'a conseillé... que dis-je, m'a ordonné (je suis son benjamin) une visite un jour prochain. Bref, très bien, m'a-t-elle dit. Encore mieux quand vous saurez que c'est le repaire de l'émission de France Inter « Là-bas si j'y suis » de notre Mermet national aussi bon que du bon vin.

Puisque le chemin m'emmenant « Aux copains d'abord », dont je vais vous causer très vite un peu en-dessous, passe par l'Office de tourisme, j'y ai fait halte là. Juste pour un petit test.
Que me conseillez-vous en bons bars ? Que j'ai demandé au garçon à rouflaquettes. Un bon Office de tourisme se doit de savoir ça. Celui de Gérardmer, je confirme, est bon, excellent même, le porteur de fa-

voris poussant le vice – que d'aucuns nommeront, et ils auront raison, conscience professionnelle – au distinguo : « plutôt bières ou plutôt vins ? ». Bravo mon garçon. Je ne veux pas mettre la pression à votre chef de service, mais je serais lui, je vous augmenterais sur le champ. Trève de bananeries, nous voilà repartis vers le lac, par l'avenue du 19 novembre. Et là, à droite, stop ! « Les copains d'abord ».

Réticent à l'idée de retoucher désormais mon manuscrit où, plus haut, je me hasarde à un classement des cinq plus beaux bistrots, je ne peux qu'ajouter Les Copains là en conclusion. Peut-être en numéro deux ou trois parmi les cent que je suis allé humer. Et j'en signalerai même un septième un peu plus loin, à Champdray (admirez le teasing !) Bref, Les copains d'abord. Je ne sais pas trop comment vous dire. Il y a tout. Vous avez des bistrots où la déco est classe mais le blancass indigne, d'autres où les chiottes sont pluvieuses mais le patron ensoleillé, d'autres singes parfaitement serviables mais uniquement aux heures de bureau et qui vous licencient à 19 heures moins deux en vociférant contre les fonctionnaires pointilleux de l'horloge. Aux Copains, rien à redire. Tout y est, tout y est bien, vraiment. Même les lattrines, vastes – vous y entrez à au moins quatre ou cinq gros formats – sont magnifiquement décorées. D'où la petite pancarte agrafée au-dessus du loquet : « Contravention pour occupation intempestive : 50 euros ». Des vatères, j'en ai d'ailleurs demandé la direction avant de m'éclipser. « C'est là, M'sieur, au fond à droite... Si quelqu'un n'est pas parti avec » que me répondit le serveur. Dans ce bar à vins, on y mange bien, simple, pas cher, la grande terrasse couverte et fermée accueille le fumaillon. La patronne, Corinne, vaque à ses occupations avec bonne humeur et gentillesse. Pendant le repas, où je commandais « l'assiette de Madame Foldingue », partagé avec deux élégances – ce qui, j'ai souvent noté, facilite la digestion – je remarquais, alors qu'un énergumène un tantinet grisé entrait et nous saluait poliment, que le Géromois éméché est statistiquement plus jovial et gentil qu'ailleurs. La musette bien tassée expliquant ceci, il mit un certain temps à produire un « bonjour M'sieurs Dames » à peu près négociable mais il le dit avec le sourire et les dents blanches, ajoutant à la virée du vrai plaisir et soufflant à notre coeur l'idée que l'Homme n'est peut-être pas si mauvais que ça. Rogné mais poli !
Loin des paltoquets croisés ici ou là, et ailleurs aussi d'ailleurs. Je profite de cette

La maison d'Annie, à Champdray.

chronique sur « Les copains d'abord » pour m'excuser auprès d'un certain Daniel Petitgenet. Je vous explique. Je devais l'appeler dans le cadre de cette tournée à Gérardmer et puis les hasards du téléphone qui capte mal et du temps qui passe trop vite ont, pour l'heure, interdit à nos chemins de se croiser. Je le regrette car on me dit le plus grand bien de cet homme qui, en dehors d'être bien, connaît cette ville et ses mastroquets et m'aurait donc été fort utile (ce sera pour un deuxième tome cher Daniel). Et puis j'arrive chez Corinne, classiquement je demande ce que veut dire le titre de sa cambuse, elle m'explique « On aimait bien les copains et j'aimais bien Brassens », boucle donc bouclée. Elle part me sortir la photo desdits – six ou sept seulement – copains qui ornaient jadis son menu. On y voit Claude Vanony, Jean Grossier, quelques autres et... Daniel Petitgenet. Voilà.

Pour faire cent bistrots, il m'en manquait deux.

Bizarrement, alors que tant de communes, parfois de taille relativement importante, en sont démunies, Champdray et ses 180 âmes me les fournissaient. Ah c'est terrible cette formule de journaliste, « les âmes » pour dire les citoyens, et puis « nos chères petites têtes blondes » pour dire les écoliers qui font la rentrée des classes le dos vouté sous le poids d'un cartable dont on se demande bien pourquoi les gouvernements successifs, de droite comme de gauche, parce que je ne fais pas de politique, moi, M'sieur, n'ont pas rendu tout ça éléctronique.

Bon, fin de digression.

Allons à Champray, en passant par Liezey dont on me dit que le maire – si cela est vrai, je lance illico une pétition réclamant qu'on lui accroche la Légion d'honneur au veston – envisage la création d'un Bistrot de pays, comme à Taintrux ou Frémifontaine paraît-il aussi.

Le plateau de Champdray, je connais. J'y ai appris tardivement, mais il y a fort longtemps, que les patates ne poussaient pas aux arbres et que le vin se digérait mieux moyennant qu'il soit éclusé entre amis. Il y a là aussi, désormais, depuis peu, « La Maison d'Annie », du nom de l'ancienne propriétaire à laquelle Marie-Nelly a succédée. C'est doux. Je ne sais pas l'expliquer, j'ai rarement viré sur des cafés dont l'atmosphère est aussi, et à la fois, feutrée et paysanne. Le zinc a l'air de sortir tout juste des mâchoires d'une scierie, poli, derrière lequel les verres sont alignés non pas en étagère mais sur une sorte de grand plan de travail. De l'autre côté, cinq ou six tables authentiquement en formica rouge, stigmates d'un bon vieux bistrot de quartier ou de campagne, se fréquentent sous une lumière douce, dont la fenêtre donnant sur quelques plantes simples et magnifiques, n'est pas pour rien.

Nenette de Chez Zinzin.

Chez Marie-Nelly, je m'y suis pointé sous la pluie, donc pas de terrasse, dommage car elle est à l'image du lieu, simple et perdu comme dans un de ces bouts du monde dont on a bien tort de croire qu'on ne les dégote qu'à l'exotique.
J'ai poussé jusque « Chez Zinzin » (officiellement « Chez Rémy »), au centre du village et je ne regrette pas les quelques millilitres de pétrole usés pour la course.

Je termine en beauté ce guide, sur ce bar – numéro un de mes préférés ! - dont je sais bien que je vais avoir du mal à trouver les mots pour le décrire et vous prier, vous supplier, vous dire de vous dépêcher d'y aller. C'est mille fois mieux encore que ce que m'avait indiqué l'ami – que je remercie ici – déjà connaisseur du lieu et s'évertuant depuis des lustres à me racler quelques heures de mon agenda pour que j'aille y partager l'apéro avec lui. Lui, c'est Jacky. Elle, la tenancière, du bar et de l'épicerie qui ne sont séparés que d'un fluet couloir, c'est Annette. Annette Cuny. Même prénom, même nom qu'une de mes tantes adorées, hélas retournée tôt à l'expéditeur. Comme quoi...

D'emblée, me voilà faire le point sur la situation. « C'est quoi ce Zinzin ? » C'est son père, ou son grand-père, je ne me souviens plus, qui, comme me l'explique « Nenette », lorsqu'il laçait ses lacets, n'y parvenait pas toujours et protestait « Ah mais quel zinzin ». Ah oui, quel zinzin ! Ah si le bon Dieu avait su faire les choses, il lui aurait rendu hommage au brave homme, nommé, par exemple, les mocassins « mocazinzins », pratiques et sans cordon, sans noeud, sans zigzag, sans piège, non mais !

Attablé près de moi, il y a un type, casquette militaire sur les yeux, grande classe. Je lui mets un rouge, il me remet un blanc. Tandis que mon accompagnatrice, sage et n'en pouvant plus des tisanes aspirées à Gérardmer, commande un rien, je suis Annette de l'autre côté des grands miroirs de la salle du bar qu'une collection de porte-clés anime, accrochée sous verre, un ou deux mètres au-dessus d'un lino fatigué. Nous voilà à l'épicerie.

Nous voilà à la fin aussi.
D'un livre que j'ai écrit comme on boit un verre de vin simple entre amis, simples aussi, c'est à dire sincères, et forcément rares, qui ne vous quémandent rien, rien d'autre que l'intelligence de votre coeur, n'implorent ni votre compte en banque, ni l'adresse de votre brushing ou de votre tailor is rich, ni votre carte de séjour ou du parti, ni la longueur du braquemart ou la largeur de vos bons sentiments.

ANNOTATIONS

(1) « La Société philomatique vosgienne est d'abord une société de recherche, animée par chaque membre bénévole qui aime et valorise la recherche, ce que mentionne le néologisme du dix-huitième siècle français, philomate ». Ceci est tiré du site internet de ladite Société.
(2) Le massif de la Bure est l'un des quatre qui ceignent la ville. Avec l'Ormont, le Kemberg et la Madeleine. La Bure est sans doute le plus fameux, abritant le 2ème site archéologique du département. Certains de nos touristes ne s'aventurent en terres déodatiennes que sur ce motif. Un Belge, à l'accent frais, se pointa un matin à l'Office de Tourisme et demanda ainsi à l'hôtesse aux roberts proéminents à « faire la bourre ». « je voudrais aller à la bourre », insistait-il. La jolie, stupéfaite, cru un moment au gag, plus sûrement à une séance de drague maladroite, le brave homme s'attardant sur la mammogéographie de son interlocutrice n'envisageait pourtant rien d'autre que d'étoffer sa culture celtique à la Bure.
(3) Je vais m'attirer les foudres de tous les tristounets de la ville dont un des agents déclamait il y a peu, la main sur le cœur et le pied déjà dans la chaussette, que cette ville manque de parcs. Un peu comme on manque de plans d'eau à l'île de Ré...
(4) Informations puisées sur les panneaux Decaux « Histoire de la cité »
(5) Sources : guides de l'Office de Tourisme de Saint-Dié-des-Vosges, à retirer, gratuitement à l'Office de Tourisme, quai Leclerc, ou à télécharger sur le site tourisme.saint-die-des-vosges.fr
(6) Pour qui veut mieux connaître le Festival International de Géographie, je ne peux que recommander l'achat puis la lecture de « La Géographie, quelle histoire ! » : retour sur vingt ans de festival, avec des centaines de photos et dessins, et plus de 40 plumes, dont celles de Daeninckx, Pelot, Coppens ou Lacoste. Ouvrage collectif que j'eus le plaisir d'écrire et diriger, avec l'aide de l'ami Georges Roques.
(7) Ce néologisme, « sémance », me dit un de mes relecteurs, est tiré par les cheveux. Je m'explique donc. C'est une mixture de sémantique et de semence, c'est à dire un mot qu'on sème et dont on a bien l'intention qu'il ponde des tiots (lequel tiot est un vrieux mot, c'est à dire vrai et vieux, simplement a-t-il été rogné par le temps et par le devant).
(8) Ces sont les bourgeois (les petits bourgeois de province surtout, les pires) qui appelaient ainsi du nom de « salopards » les ouvriers partant en vacances pour la première fois à l'été 1936 et envahissant les plages.
(9) Albert Camus fit quelques virées déodatiennes. Feu François Jodin, journaliste et enseignant, le rapporte dans son livre, d'ailleurs remarquablement bien écrit et illustré, « Saint-Dié-des-Vosges, une histoire de liberté » (éditions Une Page à l'Autre) : « Du Grand Valtin, où Albert Camus travaillait assidûment à l'Homme révolté, il descendait parfois à Saint-Dié-des-Vosges, dans sa vieille Citroën ».
(10) Dans le guide touristique de la Ville, intitulé « 15 circuits thématiques », une randonnée urbaine vous invite à découvrir les plus belles fontaines, ainsi que les jets d'eau, essaimés en ville au fil des siècles. L'une des plus anciennes est sans doute celle de la place Mgr de Chaumont, devant l'église Notre-Dame de Galilée.
(11) Dans gillespudlowski.com, taper « Saint-Dié » dans le moteur de recherche du site.
(12) « Le bois de Gratain – ou Gratin – ou Grattin – fut planté vers 1820 par M. Thomas, président du Tribunal, sur un terrain tellement inculte que les habitants désespérant d'y voir grandir les plantations, l'appelaient la « folie Thomas ». La Ville l'acheta ensuite et en fit une promenade » (sources : guide de l'Office de Tourisme de Saint-Dié-des-Vosges, « 15 circuits thématiques », au chapitre « découvertes insolites, petites histoires et légendes ».)
(13) Voilà ce que dit de ce tilleul le guide de l'Office de Tourisme (« 15 circuits thématiques »), ce tilleul est une vraie machine à remonter le temps : « Cet arbre vénérable est le témoin de la vie de la cité depuis le XIIIe siècle. Il en a vu du monde, et du monde illustre : les soldats de Charles Le Téméraire en 1473, puis l'Empereur d'Allemagne Frédéric III, René II, Catherine de Médicis, Marie Stuart, le roi Louis XIV, Stanislas Leszczynski, Voltaire, Jacques Delille, Jules Ferry, Henry de Montherlant, Yvan Goll, les présidents Poincaré, Lebrun, De Gaulle, Pompidou, Mitterrand et Chirac. Presque tous ont disparu depuis longtemps, et il est vivant notre tilleul de la cathédrale ».
(14) Ce Club Vosgien remarquable, issu de la Société des Sentiers et Promenades qui se réunissait, le jour où je vous cause, à l'aire du Paradis, pour baptiser l'abri de l'aire en question du nom de Jacques Froment, un grand bonhomme qui a beaucoup fait pour une forêt accessible à tous.
(15) A ce propos, cliquez donc sur tourisme.saint-die-des-vosges.fr pour suivre « la route du textile »
(16) « Si ça continue, faudra que ça cesse » n'est pas de mon répertoire personnel, je l'ai chouré à Hubert-Félix Thiéfaine.
(17) Pompé dans Wikipédia
(18) Je suis, Mesdames, de la première catégorie, mesure 1m90.
(19) Tiré du guide touristique « Raon l'Etape, pays des lacs »
(20) Site à découvrir dans le circuit touristique « culte et recueillement » de la plaquette de l'Office de Tourisme de Saint-Dié-des-Vosges, celle-ci présentant 15 circuits thématiques sur la ville : histoire, hommes célèbres, eau, cités ouvrières et maisons de maîtres, découvertes insolites et légendes, lieux de mémoire, Art nouveau, Art déco, reconstruction, vitraux, liberté et République, art

contemporain, géographie, nature.
(21) Extrait de la plaquette promotionnelle de « Notre-Dame des Monts »
(22) A plusieurs reprises dans ce guide, je vous envoie, pour explications ou compléments d'informations, au musée Pierre-Noël. N'oubliez pas, car je ne les cite pas, l'étonnante reconstitution d'une vieille épicerie, et puis aussi, ce serait dommage de bourlinguer à Saint-Dié-des-Vosges sans avoir pris le temps d'admirer le Graduel, « magnifique manuscrit sur vélin, haut de 79 cm et pesant environ 40 kilos, réalisé entre 1494 et 1514. Il faisait partie de la bibliothèque du chapitre de l'Eglise de Saint-Dié (23) et provient des confiscations révolutionnaires. A ce jour, les noms des enlumineurs et des copistes sont toujours inconnus. Riche de 722 pages dont 22 enluminées dans les marges (dont les décors sont liés à la vie du Christ, de la Vierge, de Saint Déodat et autres saints...) ainsi que de 1400 lettres ornées... » (5)
(23) On dit ou écrit Saint-Dié dans trois cas : 1- par manque de place 2- par paresse 3- lorsqu'il s'agit du saint ou de son église. On y ajoute le « des-Vosges » sur les documents administratifs ou de communication, cette dénomination ayant été remise au goût du jour au début des années 90, par l'actuel maire, Christian Pierret, afin, d'une part, d'éviter les confusions, fréquentes avant, avec Saint-Dizier notamment, et, d'autre part, pour mieux situer la ville au cœur du Massif vosgien, ceci ayant un évident intérêt en termes d'attractivité touristique.
(24) Extrait du guide touristique du Pays des Abbayes, Principauté de Salm Salm.
(25) Cette maison a été conçue, ainsi que plusieurs autres à Saint-Dié-des-Vosges, par l'architecte Paul Fürst, décédé à Saint-Dié-des-Vosges en 1958.
(26) Lu dans la plaquette de la ferme-musée de la Soyotte.
(27) En fait, me dit l'ami Bernard, l'un de mes relecteurs, « ce n'est pas Louis XIV qui est l'auteur des « beaux jardins » mais sa fille qui visitait le quartier du Chapitre en compagnie de son confesseur Bossuet et qui s'exclama « Dieu, les beaux jardins ». Le soir de leur visite, la Dauphine assite à une pièce de théâtre produite en son honneur. »

INDEX (POUR COMMANDER LA TOURNÉE)

Leffe
Juliénas

Taintrux, le 1er octobre 2011, 19h30. Notre ami Bernard fatigue sous nos atermoiements sur la couverture du livre. Et le verre de rouge, au milieu, faut le mettre ? Ben non, on n'est pas là pour faire l'apologie du picrate, ce bouquin c'est d'abord un guide touristique. Bernard, c'est l'éditeur, un mec bien, patient. Alors, on – Jul et moi – est allés dans un lieu unique au monde pour se recueillir. Non, pas un monastère, une ancienne écurie, d'une ferme vosgienne perchée au-dessus de Taintrux, chez le Daniel, le père du Jul, transformée en vieux café. Un lieu nostalmagique, tapissé de vieilles pancartes de bistrots et d'affiches du PSU (dont une que le Tonio a mis une nuit paraît-il à sécher), décoré de cendriers et babioles, peint d'étagères à l'ancienne et d'un vieux téléphone qui proclame d'une voix enrouée l'afflux d'un interlocuteur. On a dégusté un ballon de côtes de Toul. La meuf du Jul a déclenché la touche automatique de l'appareil photo, elle s'est pointée, le chien et les gosses aussi, Christiane enfin, abandonnant la tarte aux lardons dans le four qu'on a fini par manger cramée. Photo Julien Cuny.

Achevé d'imprimer en octobre 2011 par Jean Lamour
54320 MAXEVILLE